新潮文庫

子どもの貧困連鎖

保坂　渉
池谷孝司　著

新潮社版

10223

はじめに

東京・霞《かすみ》が関《せき》の官庁街と丸の内のビジネス街、日本の行政と経済の中心地にはさまれた日比谷公園に「年越し派遣村」ができたのは二〇〇八年末だ。派遣契約の打ち切りなどで仕事や住む場所を失った人たちが、続々と集まってきた。年が明けた〇九年一月二日、厚生労働省は急遽《きゅうきょ》、庁舎内の講堂を、公園のテントで寝泊まりしていた人たちに、宿泊施設として開放した。この年越し派遣村の出現は、それまでの新自由主義路線下で深く進行していた所得格差の拡大、非正規労働者の急増、社会保障の劣化など、日本社会の貧困問題を一気に噴出させる象徴的な出来事となった。

〇九年夏の総選挙では自民党が歴史的大敗を喫し、民主党政権が誕生した。その民主党が選挙で政策の目玉として掲げた一つが「チルドレンファースト」(子ども第一)だった。国政選挙で、子どもの問題が初めて主要な争点になったといっていい。選挙後、厚労省が社会の声に押される形で、国として初めて公表した相対的貧困率は一五・七％、子どもの貧困率は一四・二％だった。つまり、子どもの七人に一人が貧困状態と高い割合だった。

私たちが「子どもの貧困」をテーマに取材を始めたのも、この年の夏からだった。年越し派遣村で大人たちの貧困問題は顕在化したが、子どもの貧困の実態はいったいどうなっているのか。さまざまな方法で貧困の実態を訴えられる大人たちと違い、子どもたちは自らの状況を社会に訴える手段をほとんど持っていない。小さい子どもほどそうだ。

社会的弱者であると同時に、社会が最優先で守らなければならない子どもの貧困の実態を、まず知ろう。私たちは現場を歩くことにした。選んだのは教育現場だった。例えば、義務教育で経済的に困難な家庭を支援する就学援助の割合は、〇七年度までの十年間で倍増の一三・八％となり、急速に拡大する子どもの貧困化を示していた。

日本の教育はこれまで家庭の私費負担に強く依存してきた。それが不況の深刻化や非正規雇用の拡大などで、家計は無理が利《き》かなくなり、親は負担の重さにあえいでいる。親の貧困化は当然、子どもの生活を直撃する。そこで、教育現場を歩けば、子どもたちの貧困問題が、さまざまな現象として見えてくるのではないか、と私たちは考えた。

取材は定時制高校から始まった。

生徒の携帯電話にメールする。楽しい絵文字とともにすぐ返事が来ることもあるが、大抵は無視される。電話してもなかなか出てもらえない。最初は「今どきの子だからなあ」と思っていた。しかし、働きながら学ぶ高校生たちの過酷な状況を知るにつれ、連絡を取り、取材時間を確保するのがいかに難しいかを思い知らされるようになった。取材対象にした定時制高校生たちはアルバイト代で学費や自分の生活費を稼ぐだけでなく、家計の援助さえしていた。中には一日に三つ仕事を掛け持ちして睡眠が二時間という子もいた。

余裕のない生活で精神的に追い込まれると、話す気力もなくなるらしい。急に連絡が取れなくなり、取材が中断することもしばしばあった。「子どもの貧困」の当事者への取材がこれほど難しいとは思わなかった。

一方で、子どもの貧困は見えにくいといわれる。子どもたちはとても繊細で、親を気遣い、貧困を隠す。「景気が悪くなったとはいえ、この日本のどこに子どもの貧困なんかあるの」。取材でも大人たちからこんな疑問をぶつけられた。教育関係者も例外ではない。

携帯電話でメールを頻繁にしている生徒は貧困に見えない。しかし、アルバイトの

シフト変更を知るにも、友達とつながるにも必需品だ。「空腹を我慢し、高い金を払ってでも手放せないことを教員が理解していない」と生徒指導のベテラン教師は嘆いた。

政権交代の実現で公立高校の授業料が無償化され、子ども手当も支給されるようになったが、経済的に厳しい家庭の子育てに重点を置いた支援策にはならなかった。それどころか、二〇一二年末の総選挙では民主党の高校無償化を「ばらまき」と批判する自民党が圧勝して政権に復帰し、一四年度の新入生から年収九百十万円以上の世帯は無償化の対象としない所得制限が入った。政府の子育て支援は逆行している。一四年末の総選挙でも「アベノミクス」を前面に打ち出した安倍政権が大勝した。その間にも一四年公表の子どもの貧困率は一六・三%と過去最悪を更新し、貧困状態の子どもは六人に一人になって、貧困家庭はますます追い込まれている。

本書では高校から中学校、小学校、保育の現場へと順に年代を下げ、それぞれ一つの学校・施設を定点取材した現場ルポを通して子どもの貧困問題を考えていく。

教育現場では、貧困な状態の子どもたちが「私たちに目を向けて」とSOSを発していた。親から子どもの世代への貧困の連鎖は想像を超えた広がりを見せていた。ようやく聞けた子どもたち、親、教師、保育士らの本音や、外からは見えにくい子

どもの貧困の現実を、少しでもこのルポで多くの人たちに伝えられたらと願う。

本書は二〇一〇年四月から一一年二月まで共同通信が配信した連載記事に加筆、修正したもので、第一章から四章に登場する人物は仮名にしている。年齢や肩書、使用した統計、調査などの数字は、一部に新しいデータを補ったものの、基本的に新聞連載時のままとした。識者へのインタビューは一一年に行った。

目次

子どもの貧困連鎖

第一章　お金なくても学びたい

オブラート食べ空腹しのぐ

「一枚ちょうだい」。粉薬を包む薬用オブラートのケースに陽子（一八）が手を伸ばし、薄いオブラートを一枚、手に取って口に含んだ。〝お菓子代わり〟なのだという。五十枚入りのケースは久美（一七）が百円ショップで買ってきた。

関東地方の夜間定時制高校。二〇〇九年十一月、授業が終わった午後九時すぎ、がらんとした教室に三年生の陽子、二年生の久美と早紀（一九）の三人が集まった。学年は違うが生徒会の役員同士で、クリスマスパーティーの計画を練っていた。

「私、空揚げ作る」。陽子が提案した。

「じゃあ、ケーキ焼く」。お菓子作りが得意な久美が後に続く。

「刺身を持っていくよ」と言いだしたのは早紀だ。

腹が空《す》くとオブラートを口に運び、打ち合わせは盛り上がった。

三人と出会ったのは、この年の夏。自民党が総選挙で敗北し、チルドレンファーストを掲げた民主党に政権が代わる直前だった。

アフリカの飢餓やアジアのストリートチルドレンのように、世界の貧しい国々の子どもの貧困の現実は、映像や写真で簡単に私たちの目に飛び込んでくるが、豊かといわれる日本の子どもの貧困は見えにくい。見ようとしないと見えず、下手をすると「どこに貧困があるのか」となりかねない。

私たちはその現実を見つめるため、口を開いてくれる人を探していた。知り合いの教師や子どもを支援する団体の関係者など、さまざまな人に紹介を頼んで回った。そんな現場の一つとして注目したのが、経済的に厳しい状況にある生徒が集まっている夜間定時制高校だ。

「この子たちなら、話してくれるんじゃないかなあ」

ようやくある教師からの紹介で取材を引き受けてくれたのが、彼の教え子だった。

私たちの取材は、彼女らの日常にじっくり耳を傾けることから始まった。

オブラートがお菓子代わりと言った陽子は、明るい笑顔が印象的な少女だ。受け答えもしっかりしている。

いくら金がないとはいえ、オブラートを菓子代わりにしていると聞いて疑問に思った。

「どうしてオブラートなの？」と聞くと、あっさり陽子が答えた。

「でんぷんだから、ちょっとおなかにたまる。お菓子は高いし。半分、ネタなんですけどね」

「口の中で溶ける感触が面白いんです」と楽しんでさえいた。

陽子の父親は二〇〇一年ごろ、オープンしたばかりの焼き肉店が、不運にも牛海綿状脳症（ＢＳＥ）騒動とぶつかってつぶれ、多額の借金を背負った。

「それでも父親は無理して私を私立中学に入れたんですけど、二年生の時に公立に転校することになったんです」

親の経済力の格差はどうにもならず、私立中学では周りから「貧乏人」といじめられて、陽子はさまざまな辛酸をなめた。

父親の本業のリサイクル店も消費低迷で赤字が続き、陽子は高校の学費も含めて生活費をアルバイトで稼いでいた。

「睡眠時間を二時間にして、朝、昼、深夜と日に三つのバイトを掛け持ちした時期もありました」

明るく振る舞うが、希望を失って自殺を図ったことまである。

オブラートを買ってきた久美は、「給食が唯一《ゆいいつ》まともな食事」という時期が続き、給食のない夏休みにはげっそりやせた。

父親は廃品回収業を営む。〇八年にあったリーマンショックによる世界的な金融危機の後、収入が落ち込み、借金を抱えて一時は自己破産を考えた。久美は年をごまかして時給の高い深夜営業の飲食店で働いたが、体を壊した。父親が国民健康保険料を滞納していたので、保険証は使えなかった。

「おなかの痛みが続いて我慢できなくなると、少しだけ保険料を納めて期間限定の短期保険証をもらってから病院に行くんです」

久美はいずれ自分で返済しなければならない貸与の奨学金を受けているが、その金も学費に回らず、月々の家賃に化けていた。

久美と同じ二年生の早紀が、女子高生の持ち寄りパーティーにやや似つかわしくない「刺身」を提案したのには理由があった。アルバイト先がスーパーの鮮魚売り場だったからだ。刺身を一日に五百パック作ったこともある。

パートやアルバイトがくるくる入れ替わる職場で三年働き、「ベテラン」の域に入った。ミスの多い年上の新米たちに仕事を教え、夕方になると値引き率も提案して社員並みの働きぶりだ。一日働くとくたくたに疲れる。時給は最低賃金と変わらない安さなのに、どうしてそこまでして働くのか。

「お金をもらっている以上、やらなければならないことですよね」

さも当然だというふうに即答した。

英語で「空腹なお姫さま」というのが、その早紀の携帯電話のメールアドレスだ。メアド一つにも、子どもたちが置かれている経済状況の厳しさが反映され、ハッとさせられてしまう。

両親は離婚してアパートで一人暮らしをしている。父親は職人だったが、不況で仕事が減って稼ぎにならず、見切りをつけた。東北地方の実家に戻って運送会社で長距離トラックに乗っている。

早紀も以前通っていた高校を中退してついて行った。だが、中卒で未成年ではアルバイトすらなく、やむなく母親の元にUターンした。再婚していた母親とはうまくいかず、今の高校に再入学して家を出た。

父親は早紀のアパート代を出すのがやっとだ。

三人が集まる約一カ月前、厚生労働省は初めて「子どもの貧困率」を公表した。厚労省によると、全人口の可処分所得の中央値（二〇〇七年は一人当たり二百二十八万円）の半分未満しか所得がない人の割合を「相対的貧困率」という。〇七年は一五・

七%。十八歳未満の子どもでみると、一四・二%だった。七人に一人の高い割合だ。(一四年公表の一二年時点の貧困率は一六・三%に悪化し、六人に一人になった)

陽子たちは皆、経済事情の厳しい家庭の高校生だった。彼女たちの話を掘り下げて聞くと、子どもだけではどうしようもない、親にもどうにもできない事情が浮かび上がってきた。どこかに解決の糸口はないのかと、もどかしい思いを重ねながら、ただ耳を傾けるしかなかった。

駅のトイレで寝泊まり、ホームレスみたい

二〇〇九年の暮れが間近に迫った土曜日。都心のターミナル駅のビルにある喫茶店で、陽子と会った。客もまばらな店の隅で話を聞き始めた。

「あのころはホームレスみたいでした。夜、仕事が終わると、もう電車がないんです。だから、駅前の多目的トイレで寝泊まりしてました。全部合わせると、三十回ぐらい泊まったかな」

陽子はまっすぐこちらを見詰め、何でもないことのように口にした。

取材を始めてから五カ月も経《た》っていたが、そこまで大変な状況だと知ったのは、この時が初めてだった。親にも話していないのだという。

この年の三月下旬、終電後の午前三時すぎ。東京近郊の私鉄の駅前にある多目的トイレの引き戸を、陽子と久美がガラガラと開けた。夜の仕事を終えたばかりだった。薄明かりの中、吐く息が白かった。早春とはいえ未明の冷え込みは厳しい。

感知センサーが作動して照明がつき、周囲を照らすと二人はほっとした。

「結構広いよね」。久美が話しかけた。トイレの広さは三畳ほどある。車いすでも使いやすく、赤ちゃんのおむつ交換もできる広いトイレ。そこが深夜の陽子の居場所だった。

「時々ここに泊まってるんだ。お湯も使えるしね」

そう言いながら、陽子が蛇口をひねった。

「温かい」

冷えた手を湯にさらした久美が笑顔を見せた。

陽子が深夜営業の飲食店で働き始めたのは、久美に「時給がいいから」と誘われたのがきっかけだった。

「日中に働ける仕事を求人広告で半年以上探したけど、駄目でした。そのころはお金がなくて大変で。学費にも困ったから誘いに乗ったんです」

そう陽子は事情を話した。

十八歳未満の深夜労働は違法だが、店側は見て見ぬふりをした。

「トイレは寒いけど、横になれる場所があるとほっとする。眠れるだけで『幸せ』って感じ」

陽子は「幸せ」という言葉を強調し、当時を思い出しながら、眠れることが本当に幸せそうだった。

その夜、陽子はすぐにトイレで寝る準備を始めた。アルバイトで使っているエプロンを床に敷き、別のアルバイト先の制服や化粧道具、学用品などが入った大きなスポーツバッグを枕《まくら》にして、うつぶせになると、ダウンジャケットを羽織った。

「寝るね。お休み」と久美につぶやいた後、陽子はもう寝息を立てていた。

トイレでの宿泊に初めてつき合ったものの、久美はそんなところではなかなか眠れなかった。久美は一人で便座に座り、じっと携帯電話の画面に見入った。

「リーン、リーン」。午前五時、突然、陽子の携帯電話から「黒電話」のベルが響いた。陽子が設定した目覚ましのアラーム音だ。

「陽子、陽子」。久美が起こそうと懸命に声を掛ける。陽子は六時からコンビニの早朝勤務だった。もうすぐ電車も動く。早く支度しないと遅刻してしまう。しかし、眠りについたばかりの陽子はなかなか起きようとしなかった。

当時、陽子は朝が九時までコンビニのレジ打ち。昼は十時から午後三時までファストフード店。夜は五時半すぎから九時まで授業に出た後、久美と飲食店で深夜労働という過酷なトリプルワークをこなしていた。

「一日に二時間眠れたらまだいい方でしたね。学校の授業はほとんど寝てました。でも、学費や生活費を稼ぐには無理しないとやっていけなかったから」

始発電車に乗るため、二人はトイレからふらふらになりながら、まだ暗い外に出て行った。

「そんな生活が三カ月ぐらい続いたかな」

陽子が振り返る。

ある朝、いつものように寝ていると、トイレのドアがいきなり開いた。

「鍵《かぎ》、閉まってたよね」。戸惑いの表情を浮かべた清掃員が立っていた。

「開いてましたよ」

陽子は跳び起きると、ごまかして逃げた。当時、簡易式の鍵が外からかけられていたが、簡単に外せたためにすぐ中に入れた。しかし、その後も何度かトイレで寝ていたところを見つかり、とうとう鍵を頑丈な物に取り換えられてしまった。

貴重な寝場所を失い、仕方なく別の公衆トイレの普通の個室で寝てみたが、窮屈で眠れなかった。眠気をひきずったまま、次の仕事に向かう日々が続いた。

「どうしても眠くなると道ばたで寝たこともよくありました」

大きなバッグを枕に、人目も気にせず、道路上で眠るのだという。まさにホームレスだった。

結局、コンビニは遅刻が度重なり、「もう来なくていい」と首になってしまう。

それでも、三年生に進級後の五月下旬、運良く、新たに携帯電話の部品工場の仕事が見つかった。

睡魔と闘う「眠り姫」

陽子が新しい職場で働き始めて一週間が経った。眠くて仕方がないから、ついうとうとしてしまう。すぐに「眠り姫」とあだ名が付いた。

「段ボール箱に入った携帯を検査して、良品と不良品を分けてまた戻すんです」

陽子がメッキの具合や小さな傷を調べていると、ベテランの主婦が段ボール箱を持ってやってきた。

「これ、見落としだね、こんなに不良品が見つかったよ」

厳しくしかられた。仕事は甘いものではなく、新入りの陽子は仕事を再チェックされていた。

工場の勤務は午前八時半からだ。深夜営業の飲食店との掛け持ちは続いていた。

「トイレで寝て、起きたらそのまま出勤というのもたびたびでした」

寝不足と疲労でつい居眠りをして検査ミスが目立った。

「すいません」。陽子は小声で主婦に頭を下げるしかなかった。

検査ミスを指摘されるたび「またあの子だよ」とささやかれる。冷たい視線を浴びて陽子は落ち込んだ。

部品工場のアルバイトは、陽子がやっと見つけた安定した仕事だった。勤務は午後五時までで、時給八百円と陽子には好条件だった。月収は約十四万円になり、この収入で学費や生活費はカバーできた。

「職場でいじめられている感じがして居心地は悪かった」というが、やがて、陽子はアルバイトをこの仕事に絞り、久美と一緒だった飲食店の深夜労働から解放された。

だが、学校と仕事を両立するのに、一つ大きな不安があった。職場からは学校まで電車と徒歩で約一時間半もかかる。午後五時までの勤務では、六時半すぎの二時限目に出席するのがやっとだった。

一時限目がいつも欠席だと、単位不足で進級に影響が出かねない。定時制高校では給食が出るが、始業前の給食に間に合わずに腹を空かせたまま授業を受けた。

「最初は、後でこっそり給食を食べさせてもらったけど、何度も続くとそれも駄目になってしまって」

このまま学校を続けられるのか。悩んだ陽子は上司と話した。

「課長さんがいろいろ気遣ってくれて、二学期からは午後四時までの勤務に変えてくれたんです。それで、学校も仕事も両方やめずに済みました」

表面的には落ち着いた陽子だったが、それまでのダブル、トリプルワークによる過労に加え、精神的な不安定さから大量に食べては吐く過食症がひどくなり、体はぼろぼろだった。

「一番食べた時で、ご飯五合におかず、ホールケーキ一個、パン五個、インスタントラーメン二袋」

胃がふくれるとトイレにこもって吐いた。二年生の途中まで「オール五」だった成績もアルバイトに追われて平均二にまで急落した。

「いつからこんなひどい状態になったのかな。小さいころは幸せだったのに」

陽子は小学校時代に思いをはせた。

私立中学に合格、入学費用は百万円超

陽子の父親の徹（六四）は、バブル経済が崩壊して間もなく、勤務先の不動産会社を退職した。

「中間管理職で部下のリストラをどんどんやって。辞める部下の引っ越しの手伝いに行っては『俺が首を切ったからだ』と言っていました。最後は『自分で自分の首を切るしかない』と辞めてしまったんです」

母親の良枝（五二）が自宅近くの喫茶店で、陽子が育った家庭環境を話してくれた。

陽子が生まれたのは、夫婦でリサイクル店を始めた後の一九九二年のことだ。店の経営は順調で、店舗を増やしていった。閑静な文教地区に、ローンを組んで三階建ての二世帯住宅を新築した。注文建築で、黄色い壁のしゃれた家は周囲の目を引いた。

父親が脱サラした一家の再出発は成功したかのようにみえた。

陽子はこの家で過ごした小学校低学年のころが一番幸せだったという。

「夏はキャンピングカーで家族旅行をして、海辺のホテルにも泊まった。お正月には親類一同が集まってにぎやかでした」

懐《なつ》かしそうに陽子が話す。

そんな生活が暗転したのは二〇〇一年、陽子が小学四年の時だった。

徹は事業拡大を狙《ねら》って、新しく焼き肉店をオープンした。しかし、その直後にBSE騒動にぶつかり、約九カ月で閉店に追い込まれてしまう。

「ここのビビンバはうまい、と通ってくれた常連客も来なくなって。オーストラリア産の肉だから安全だと宣伝したけど全然駄目。五百万から六百万円の借金が残りました。仕入れた肉はその後、三年間ずっとマイナス四〇度で凍らせていましたよ。三年かけて自分の家で食べました」

良枝が振り返る。

悪いことに、同じ時期に、本業のリサイクル店も立ち退きを迫られていた。やむなく、せっかく建てたばかりの自宅を売却。一家は二度の転居後、今の店舗兼住宅に落ち着いた。

二階の狭い二間に六人家族が暮らした。陽子は部屋にあふれる荷物を押しのけて眠った。勉強しようにも机もない。仕方なく、いすの上でノートを開いた。

そんな時、電車の中で、徹がふと男子中学生二人の会話を耳にする。陽子は六年生になっていた。

一人は公立中学の生徒で、自分が悪ふざけした話を自慢気にしていたのだった。

「いいなあ。俺、私立だから、そんなことできないよ」

もう一人の生徒の言葉が徹の心に響いた。

「私立だから」

その一言に、徹は「無理しても陽子を教育環境のいい私立中学に入れよう」と決める。塾に通わせ、受験勉強を始めさせた。

通信教育大手のベネッセコーポレーションの調査では、私立中学に通う生徒の割合は一九八七年度に三・一％だったのが、二〇〇七年度は七・一％に増えた。進学率は首都圏と近畿圏が高く、〇七年度は東京都が二六・五％、大阪府が一〇・三％。東京では四人に一人が私立中学に進学している。

陽子にとって私立受験は大きな負担だった。

「小学校の勉強はついていけなかったし、塾に行っても身が入らなかった。でも、父親は私立に入れば不良娘にならないと思った。親に押し切られて『嫌だ』とは言えなくて」

苦い思い出に陽子はため息をつく。

「親はすっかりその気になって。『あの時、〝はい〟って言ったんだから頑張れ』って。そう言われてもねえ……」

親からすれば、娘のためを思い、高い金を出して塾にまで行かせている。私立受験には「何とか合格してほしい」と期待を抱いただろう。だが陽子の気持ちとは大きく擦れ違っていた。

結局、中高一貫の進学校を受験。陽子の成績では難しいとみられたが、期待に応《こた》えて合格した。徹と良枝は喜んだものの、百万円を超える入学費用が家計にのしかかった。

文部科学省の二〇〇八年度調査によると、公立中学の保護者が払う学習費は年間平均約四十八万円、私立は約百二十四万円と三倍近くにもなる。

当時、家業のリサイクル店の売り上げは落ち込んでいた。

「もう借金ができる状態じゃなかったけど、かなり無理して工面しました。死に物狂いで働いて」。良枝は言う。

裕福な私立中学の同級生たちと、相当な無理をして入学した陽子の家では、経済的に大きな格差があった。裕福な家庭の子どもが集まる私立中で、陽子は親の経済力の差を痛烈に思い知らされることになる。

「貧乏人」といじめられ、過食症に

私立中学に通い始め、制服姿で帰宅した陽子が、ある日、母親の良枝が持たせた弁当をこっそり自宅のごみ箱の奥に押し込んだ。

弁当箱はスーパーの総菜を入れる透明のパックだった。何度も使い、熱でよれよれになっていた。中身はご飯の真ん中に梅干しが入っただけの日の丸弁当のような内容で、おかずは少ない。パックをラップでくるんで割りばしが付いていた。

年ごろの陽子からすれば、とても裕福な友達の前で食べられるようなものではなかったようだ。

「母親の作った弁当はすごく貧乏っちいんです。透明のパックを布でくるむこともないし、友達には絶対に見せられなかった。そんなの、人前で広げられませんよ。だから、いつもトイレで隠れて食べるか、捨ててしまって弁当やパンを買って食べてました。だけど『弁当は要らないから、購買で買う』なんて、お金がかかるから母親には言えなかった」

そのころ、陽子は学校でいじめの標的になっていた。

「成績は悪いし、臭いし」

陽子が理由を口にした。

店舗を兼ねた陽子の自宅には風呂《ふろ》がない。陽子は「お金がかかるから」と気遣ってたまにしか銭湯に行かなかった。

「それで友達から『臭い』『汚い』って避けられて」

通い始めた私立中では靴下まで学校指定だったが、値段が高かった。母親には「普通のでいい」と買ってもらえず、市販の靴下で登校すると、目ざとく見つけた友達から「貧乏人だから」とバカにされた。

そんなことが原因で、学校が嫌になり、サボるようになっていった。

「陽子さんが来てません」。そう言って、学校から家によく電話がかかるようになった。

「あちこち捜し回ると、陸橋の下なんかに潜ってたんです。商売がこれからという時間帯に何度もそんなことをされて仕事になりませんでした」

良枝がこぼした。

さらに、いじめで友達から孤立した陽子は、よく家から金を持ち出すようになっていった。両親が寝静まった隙《すき》に、こっそり売り上げから抜き出した。

「あのころは無理に学校に通うストレスを、お金を取って買い物をすることで解消してたんです。友達の気を引くために自分からお金を渡したこともありました。『喜んでくれるなら、カラオケも飲み物もおごるよ』みたいな感じで」

弁当の代わりのパンや学校指定の靴下も持ち出した金で買っていた。

父親は、金を持ち出したのを見つけたり、自分の言うことを聞かなかったりするとめちゃくちゃに陽子を殴ったという。

「父親からは拳骨《げんこつ》で私の体がぼろぼろになるぐらい殴られていました。お母さんが『頭だけはやめて』と言うとお尻《しり》になる。お母さんが見ていても私に非があるし、じっと我慢している感じでした。しつけの一環だったと思います」と陽子は父親をかばった。

「一番恥ずかしかったのは学校にお母さんが来た時でした」

陽子はその時の光景を今でも鮮明に覚えていた。

授業参観日の教室。後ろには、しゃれたブランド品のスーツ姿の母親たちが並ぶ。良枝は「いらっしゃいませ」と印刷されたエプロンをつけ、仕事着のもんぺのようなズボンにサンダル履きだった。

陽子は学校で親の職業を「自営業」とだけ言っていた。

「リサイクルショップだなんて絶対に言えない。あんな汚い家に住んでいるなんて、担任にさえ言えませんでした」

陽子は授業中、ずっと身を縮めていた。

「私もほかの母親たちの仲間入りをしたいと思って努力はしたんですけど、無理でした」

良枝も事態を放置していたわけではないと話す。

「中学の役員をやり、しがみつこうとしたけど、みんなエリートで、いい暮らしをしてる。溶け込めずに駄目でした」

良枝はため息をついた。

陽子は二年生になると、学校をやめたいと思うようになる。

「もう行きたくない、と母に言いました。限界だった。勉強についていけないのが一番の理由でした。友達もいないし、先生が何を言っているのか分からない。先生は呪《じゅ》文《もん》みたいなことをひたすら言っているように聞こえて」

「もう嫌だ。行きたくない」と話すと親から「あなたの好きにすれば」と突き放されて、結局は「行けばいいんでしょ」と陽子が投げやりになる繰り返しだった。

陽子は学校生活の強度のストレスから過食症になる。

「食べた物を意識して戻すんです。食べるのに満足したら、そろそろトイレに行こうかな、みたいな。食べて太りたくないから戻そうとする。カウンセリングも受けたけどあんまり行かなくなって」

親子とも疲れ果てて、二年生の一学期、とうとう陽子は公立中学に転校した。

「やめてくれて、経済的にも助かった」

転校後、母親がつぶやいた言葉を陽子は覚えている。

しかし、陽子は転校先の公立中にもなじめず、不登校の生徒が通う教室ですごした。

「クラスのみんなはよくしてくれたけど、私に自意識過剰なところがあってなじめなかった。相談室には不登校の子が五人ぐらいいた。週二回、カウンセラーが来て、先生が時々顔を出す。勉強は自習で、絵を描いたり折り紙をしたりして過ごしてました」

受験が近づくと定時制高校を志望した。進路指導で「間違っても全日制を希望するなよ。一発で落ちるから」と笑いながら教師に言われた。

「ハハハと笑い返して、そんなこと言われても全然、傷つきませんでした」

陽子は当時のことを平気そうに明るく話すが、本当は心が壊れる寸前だった。

「私なんかいちゃ駄目」と自殺図る

〝事件〟は陽子が定時制高校に入学する直前に起きた。

「ぎゃー」

「なんだ、あの声は」

悲鳴を聞いた兄は、声のしたリサイクル店の荷物置き場に走った。

たんすの間で陽子がしゃがみ込み、泣きわめいていた。針金のハンガーを広げて首を突っ込んで梁《はり》につり、自殺を図ったのだった。

「私は駄目人間だ。私なんかいちゃ駄目だ。消えてしまいたい、と思って。突発的にやってしまった」

首をつった瞬間は「みんなに迷惑をかけたなあ」「人を傷つけたなあ」という思いが頭を駆け巡った。

ハンガーは落ちないように梁に固定していたが、陽子の体重を支えきれず、針金が切れて助かった。

陽子はその少し前から手首をカミソリで切るリストカットを始めていた。きっかけは中学の終わりごろ、友達がしているのを見てからだ。

リストカットは血を見て「生きている」と確認することで安心する行為といわれる。強いストレスで不安を感じた若い女性がすることが多いのが特徴だ。

「トイレの便座に座って、手首から流れる血を見てると、不思議と気分が落ち着いた。カミソリで切って、血が出ると『きれいだな』とか思って。切るとストレスが解消できるっていうか」

私立中学時代に始まった過食症も続いていた。

親の期待を背に入学した私立中は二年で退学。学校でいじめに遭い孤立した。ストレス解消に家の金を持ち出したことも負い目に感じた。

「父親も母親も悪くない。私が悪いんです」

陽子は自分を価値の低い駄目な人間とみてしまい、自己肯定感を持てずにいた。

「自己肯定感の低さはありますね。持てないんです。学校でうまくいかない。自分の行動のせいだと思います」

店の経営も、借金を抱えた上に、消費の低迷で物が売れず赤字が続いていた。家計は逼迫《ひっぱく》し、自宅のガス台も売って母親はカセットコンロで料理をするような生活。食事も家族が一緒に食卓を囲む場所はなく、交代で食べる「孤食」だった。

陽子は希薄な人間関係と経済的な貧困の中で自分を見失いかけていた。

それが自殺未遂で何かが「吹っ切れた」と言う。

「死ぬって怖いんだな、と思いました。『やっぱり嫌だ』と思って。その後、夢を見て、すごく苦しかったし」

その直後に入学した定時制高校は意外に居心地がよかった。

「学校はどこも同じだと思っていたら違った。先生は一生懸命教えてくれるし、生徒と向き合ってくれる。いい学校だなと思いました。定時制じゃなければ、勉強が全然分からないままだった」

分数もできないぐらい小学校時代の基礎学力が身に付いていない生徒も多く、丁寧に教えてもらうことで学び直しの場になっていた。

人生のどん底から再スタートした陽子。親の店を手伝いながら夜は勉強に励んだ。二間の狭い二階は店の商品であふれ、居場所もない。陽子は自分の部屋が欲しかった。親名義で借りたアパートで自活すると決め、家計も助けようとアルバイトを始めた。高校一年生の十二月のことだ。

最初は早朝のコンビニでレジ打ち。慣れると回転ずし店の接客も始めた。朝六時から夕方四時まで働き、その足で学校に。バイト代は多いときは月十六万円にもなった。

「月に六万円を家に入れたこともあった」と陽子は当時を振り返る。

だが、二つの店の休みがうまく合わず、実質的な休日は月一日というハードワークになっていた。そんな生活が長く続くはずがない。四カ月続けたが、ついに体調を崩した。

「目が充血してただれたようになった。もう駄目だと思い、接客がうまくできていなかったすし店は辞めました」

途端に収入は月四、五万円に激減してしまった。

仕事が見つからず学費滞納

体調を崩し、収入が減っても、一定の生活費は出ていく。

「学費、定期代、携帯電話代、光熱費を払うとほとんどお金は残らなかった」

アパートで自活していた陽子はたちまち苦境に陥った。

「趣味に使うお金は抑え、わずかな蓄えでしのぎました」

遊ぶ金がないから勉強には打ち込んだ。

「成績はオール五でした」

陽子は誇らしげに話す。

しかし、新たな仕事はなかなか見つからなかった。その年秋に起きた金融危機以降、雇用状況は急激に悪化し、アルバイトを探す陽子にとってはまさに〝氷河期〟となった。

毎日、新聞の折り込みチラシやインターネットの求人広告を見て電話し、応募したが、軒並み落ちた。

「時間のあるときは、ひたすら電話をかけまくってた。何十社も問い合わせて、面接にも行ったんですけど」

ガソリンスタンド、コンビニの商品倉庫、デザイン関連の会社……。どこもわずかな求人に応募者が殺到していた。

「よく『高校生はちょっと、アレなんだよね』って言われて。定時制高校だから午後四時ごろまでしか働けない。雇う方は六時ぐらいまでいて、残業もしてほしい。すごく不利でした」

陽子は生活費に困り、「とにかく働きたい」と焦《あせ》りが募った。

「ニートみたいな漠然とした不安」を抱えていたという。面接では定時制だというだけで軽く見られることもあった。

「定時制の子って、テスト前に同じような問題のプリントをもらっても赤点取るんでしょ?」

見下すような面接担当者の言葉に傷ついた。

「定時制ってそんなふうに見られてるのか」

陽子は悔しかった。

だが「そういう人もいるかもしれません。仕事をしながらだから、大変なんです」と答えるのが精いっぱいだった。

仕事が決まらないまま約九カ月がすぎ、二年生の三学期を迎えた。

アパートの家賃や生活費を払うと、月約一万二千円の学費が納付できなくなっていた。

「三月にファストフード店の仕事に就いたけど、三学期の学費は滞納で、最後はどうにもならず親に払ってもらった」

仕事が見つからなければ、また親を頼るしかなかった。

「親も家計が苦しいから、いつも払ってもらうわけにはいかないし」

陽子が困っていた時、深夜営業の飲食店で働いていた一学年下の久美から「うちのお店でバイトの子が足りない」という話を聞いた。

「ほかに手はないなあと思って」

陽子は誘われるままに働いた。トリプルワークの生活で、駅前のトイレで寝泊まりする羽目になったのはそんな事情があった。

定期代節約で三十キロを自転車通学

その日、生徒会では「給食費補助のカット」が議題になっていた。陽子は三年生の四月、夜の授業が終わり、放課後の午後九時から始まった議論の輪の中にいた。駅前のトイレで短い睡眠を取り、アルバイトを二つこなして授業を受けた後だ。もうろうとする頭で何とか言った。

「電車の定期代が一カ月分消えてしまう」

陽子の定時制高校には給食がある。自治体が給食費の一部を補助していたが、苦しい財政事情を理由に打ち切った。

補助金は年度末に一括支給される。陽子は前年度分の九千円を四月分の定期代に充《あ》てていた。自活する陽子には補助がなくなるのは痛かった。

「ぜひ復活させてほしいんです」

陽子の訴えに、生徒会顧問の藤井和男は「全国で給食自体や給食費補助の打ち切りが相次いでいるんだ」と状況を説明した。

「定期代の負担も見逃せない問題なんですよ」

藤井は言う。全国的に高校の再編・統廃合が進んで、遠方の学校に通学を余儀なくされる生徒が増えている。その分、定期代はかさむ。

「別の定時制高校では、月七千円を超える定期代を節約するために、自転車で学校までの約三十キロを通学している生徒までいるんです」

藤井は厳しい現状を明かした。

「統廃合で定時制高校の数が減った。地元の定時制が廃止になり、遠くの高校に入学したために通いきれず、中退した生徒もいる」

「高校無償化」といわれるが、公費負担は授業料だけ。定時制だと月額三千円ほどだ。一方、給食費や修学旅行積立金、ＰＴＡ会費など私費負担は月一万円近くになり、はるかに重い。

定時制高校の給食は法律で実施に努めるよう定められているが、各地で自治体の厳しい財政事情を理由に廃止や補助打ち切りが相次いでいる。文部科学省によると、二〇〇五年には九七％の学校が実施していたが、〇八年は八九％に減った。

「高校無償化」以前、授業料の減免者は急激に増えていた。家庭の経済状況が厳しく、授業料の減免措置を受けた公立高校生の割合は一九九六年度に三・四％だったが、二〇〇八年度には一〇・一％に。定時制は九六年度の五・九％から〇八年度は二〇・六％に増えていた。

公立の授業料は無料になったものの、以前なら授業料免除者が払わなくて済んだＰＴＡ会費を、「免除」でなくなったからと支払いを求められるようなケースも出て、逆に負担が増えている場合もある。

生徒会活動に参加し始めたころ、陽子は意外にも無償化に反対だった。

「自分のために高校で勉強しているわけでしょ。だから学校にお金を払うのは当然のことだと思ってたんです」

家族も皆、「高校ぐらいは学費を払わないと」という意見だった。

しかし、藤井は「世界の大半は高校の授業料が無料だ」と話した。国連の国際人権規約を批准《ひじゅん》した国のうち、高校授業料の無償化を留保していたのは日本とアフリカのマダガスカルの二カ国だけだった（その後、日本は二〇一二年に留保を撤回した）。

陽子は教育が重要な権利だと知って考えが変わった。

「自分たちが学ぶために何が必要かをみんなで考えたい」

その年の秋、陽子は生徒会長に立候補し、当選した。生徒会では私費負担をなくすよう教育委員会に要望した。

「実現すれば、働かなくてもっと勉強できるのに悔しい」

陽子は訴える。

「高校に入って、学ぶことの大切さをすごく実感しました。人が人として暮らすための最初の大切な過程だと思います。どんな人も平等に学べる、お金がなくても誰もが学校に行ける社会にしたいんです」

陽子がそんな思いを強くしたのは、一緒に深夜労働をしていた久美が倒れたことも影響していた。

久美は夜中、携帯電話のブログで「ＳＯＳ」を送ってきた。

友達の健康保険証借りて病院に

「苦しくて意識が遠のいて、気づいたら病院だった」

陽子と仲のいい久美は二年生の夏、自分の身に起きた〝異変〟を携帯電話のブログに書き込んだ。ぜんそくの発作で病院に運ばれたという。

お互いに連絡を取り合う手段は携帯電話だけ。ただ、電話しても久美が出ないことも多く、陽子はブログで久美の苦境を知った。

久美がどんなに大変な思いをしたかを直接、聞きたいと思ったが、なかなか連絡が取れず、取材は難しかった。ほとんどあきらめかけた頃、陽子が「会うことにしたから、一緒に来ますか」と電話をくれた。発作から半年以上経っていた。

久し振りに会った久美は、相変わらず体調が良くない状態が続いていた。痩《や》せていて、あまり食べていないという。

当時の事情を聞くと、久美がポツリポツリと話し始めた。

「あの時は、一瞬、救急車で運ばれたのかなあ、と思ったけど、お父さんが運んでくれたんだと分かって」

久美が苦しい記憶をたどる。

「深夜、アルバイト先でぜんそくの発作が起きて、四つんばいで這《は》うようにして家に帰ったんです」

父親の洋平は救急車を呼ぶのをためらった。自分で車を運転してやっている廃品回収業が赤字続きで、国民健康保険料を滞納し、無保険状態だったからだ。

久美の発作はなかなか止まらず意識も薄らいだ。

結局、洋平が病院まで運び、点滴と薬剤の吸引で症状は落ち着いた。

入院費があるはずもなく、処置が終わると早朝に帰宅したが、洋平は病院の会計窓口で「保険証を忘れた」と伝えた。

後で慌《あわ》てて保険料の一部を納付し、期間限定の短期保険証をもらってきた。

「死にたい。こんな苦しい生活もう嫌、って思った。なんで病気なのに働かなくちゃいけないの、って」

深夜営業の飲食店で働いていた久美は、発作で倒れる前から体調を崩していた。陽子も一緒に働いた店だ。

「店はクーラーの効きすぎで寒いし、お客さんのたばこの煙がひどかった。疲労、ストレスで、風邪とぜんそくが悪化して『ぜーぜー』言ってた。おなかは痛むし、苦しくて息ができない時もあった」

それでも店からは「休むな」と言われた。休日の呼び出しもあった。だが、もう深夜勤務は限界だった。

一年近く働いた店を間もなく辞めた。

学校が夏休み中、久美は給食がなく、まともな食事がとれなかったため、げっそり痩せた。ぜんそくと腹痛は続き、体調は回復しなかった。

点滴を打って学校に通う日もあった。短期保険証を継続できず、また無保険状態になった。

「どうしても具合が悪くなって、仕方なく陽子から保険証を借りたこともあったんです。一回だけだけど」

久美は、その場に一緒にいた陽子の顔を申し訳なさそうに見ながら打ち明けた。

取材の時に久美が持っていた短期保険証は、心配した陽子が苦しい財布から貸してくれた金で受け取ったものだった。

久美は二年生の三学期、役所の保険担当の窓口に出掛けた。

「今日はいくら払えるんですか」

男性職員が尋ねた。久美の健康を気遣う様子はなかった。久美は一万二千円払えば、短期保険証を発行してもらえると事前に聞いていた。

「一万二千円で」

お釣りをもらおうと、借りた二万円を出すと、職員の表情が曇った。

「あれ？　払うのは一万二千円なんですか」

二万円持っているなら全額払えという雰囲気だった。

久美は心で叫んだ。

「全部渡したら、病院に行けないよ！」

職員は滞納の督促の紙を見せて「これだけあるんですけど」と言い、念を押した。

「今回は以前の滞納分が入ってないけど、後々払ってもらいます。これは消えませんよ」

領収書と滞納分の紙を渡されて、とにかく久美は役所の中の別の場所にある保険証交付の窓口に走った。

やっと短期保険証を手にすると久美は急いで病院に向かった。

保護者が国民健康保険料を払えずに子どもが無保険状態になることは大きな社会問題になり、法改正で中学生以下は二〇〇九年四月から、久美のような高校生世代にも一〇年七月から短期保険証が交付されるようになった。厚生労働省によると、高校生世代の対象者は一万人を超える。

家賃と化す奨学金

「何で奨学金を受けていてお金ないの？　勉強するために借りたんでしょ」

久美は陽子の言葉に顔色を変えた。

「だって家賃で消えたんだもん。お金、全部自分で出してるんだよ。生活費も学費も携帯も」

二〇〇九年夏、休日のファミリーレストラン。久美は泣きながら叫んだ。ぜんそくの発作で倒れる少し前だ。突然の涙に、周囲の客から好奇の目で見られても、久美はなかなか泣きやもうとしなかった。

父親の洋平の廃品回収業はうまくいかず、特に〇八年秋のアメリカの住宅バブル崩壊に端を発した世界的な金融危機後は、収入の落ち込みがひどい。

「古新聞を主に扱っているんだけど、リーマンショックが大きかったんだよね。輸出が駄目になって、集めた古新聞もなかなか買ってもらえない。一日二千円しか稼げなくて、ずっと赤字が続いてる」

久美は、父親の苦しい商売の状況をそんなふうに説明する。父親がそう言ってこぼすのだろう。

学校の勧めで授業料免除と奨学金を申請。免除は一年生の三月、奨学金は二年生の六月から認められた。

「奨学金は半期分の三十万円が一括支給されるんだ」

その金を洋平は公営住宅の家賃などに使ってしまうのだという。

「今度、久美の口座に奨学金が入ったときは学費分は先に引き出して、前払いしちゃいなよ」

泣きやむのを待って、「いいことを思い付いた」とばかりに陽子が身を乗り出して提案した。

学費は、授業料免除を受けても給食費など月一万円近い私費負担分が残る。洋平に金を渡す前に、それを前納してしまうように陽子は勧めたのだった。

「でも、いつ振り込まれるか知ってるんだもん。手続きの時に分かってるから。いくらよこせ、って言うんだよ」

口をとがらせて久美が嘆いた。

「断っても『なに言ってるんだ、生活が苦しいんだ』って言われる。『働いても金ないんだから渡せよ』って。ほとんど毎日、親から『お金貸して』って言われてる状態だから」

その話をじっと聞いて、陽子が同情する。

「本当は『貸して』じゃなくて『ちょうだい』なんだよね」

「うん。『いくら欲しいの』って聞くと『五千円』とか言われて、『う、うん……』って渡しちゃう」

何とかできないかと陽子は知恵を絞った。

「お金ない、って言えないの？『今、ないよ、財布がからっぽだよ』って」

久美はますます口をとがらせた。

「『あの支払いどうなってる？』『これはどうなの』ってこっちが心配して聞くと、お父さんは『何もないから』って言う。食べるものだって買えないから『友達にお金借りろ』って。でも、『友達に借りてこいって親から言われてる』、なんて言えないでしょ」

洋平は消費者金融に払った借金の利子の過払い金が戻ったおかげで、自己破産を何とか免れたが、生活の困窮はどうにもならず、娘の奨学金を当てにしていた。

深夜労働のアルバイトで体を壊し、なかなか回復しないままの久美は仕事がない状態が続いていた。

「親にお金を当てにされてるし、治療費や学費もあるからバイトを探してる。でも、昼間は高校生不可とか、あってもまた夜の仕事だったりして合う仕事がない。リーマンショックの後は主婦がどんどん入ってきたし」

陽子が「生活保護は受けられないの」と聞いたが「父親は義母との離婚が成立していないから……」と久美。義母は父親のクレジットカードを使いまくり、多額の借金を残して一時行方不明になっていた。今は別に暮らしていて、収入もあるという。

「父親は今の状態だと、役所から『妻に収入があるのでは』と疑われるのを心配してるようで、生活保護の申請をためらってるから」

久美が受給する月五万円の奨学金は返済不要の給付ではなく、貸し付けられている。卒業後に久美が返済の義務を負うことになっている。

社員並みに働いても最低賃金

白の長袖《ながそで》、長ズボンの作業着に着替えると、早紀は慣れた手つきで黙々と刺身をつくる。アルバイト先はスーパーの鮮魚売り場。一日五百パックを作ったこともある。週五日、立ちっぱなしの作業はきつい。

「午後一時半までの五時間働いて休憩はありません。おなかがすくと、あめをなめて我慢するんです」

早紀は「だって、しょうがないから」という割り切った調子で淡々と話す。さばさばした感じで、弱音は吐かない。

定時制高校の生徒会で一緒の陽子や久美と仲がいい。再入学なので年は一番上だ。

「仕事は魚のさばき方のうまさじゃなく流れが大事。うまくさばけても遅いと意味がない。効率を考えて、どう臨機応変に動けるかなんです」

早紀が仕事のこつを説明する時の表情は、実に生き生きとしている。

「例えば、マグロはまずサクにしてもらわないと刺身にできない。だけど、それを待ってたんじゃ仕事にならない。だから、まず、マグロがなくてもできるような、エビやカツオやホタテ、サーモンなんかのパック詰めの仕事をやります。サクが降りてきたら、マグロにかかるんです」

まるでスーパーの作業場にいるかのように身ぶりを加えて教えてくれた。

「自分でブリをサクにすることもあります。半身になってるのから腹骨、背骨、カマを取って皮をむいて。魚はほとんど解凍なんですけど、全部溶けると見た目が悪いから、半解凍で手早く切らないと」

早紀はこういう仕事の手順を自分で考えたのだという。

「社員は手順をまったく教えてくれないんです。『刺身の担当は刺身の担当で自立してくれないと。こっちが指示しないとできないようならやっていけないよ』なんて言って。でも、私は聞いている振りして聞いてません。大事なことだけ聞いて。口だけの社員が多いんです。『俺はこんなにやってる』とか言うけど、やるべきことをやるのは当たり前でしょう」

三年勤める間に人がかなり替わったという。

「新しい人は毎日、同じ失敗を繰り返して時間ばっかりかかって」

値札や産地のラベルの張り間違いをチェックしてパートのおばさんに注意する。

「あなただけの問題じゃなくて、お店全体が産地偽装って言われるんだから、って注意するんですけど」

時には商品の値引きの幅も実質的に自分が決め、職場の中核として働く。その自負もある。大人たちの仕事ぶりがだらしなく見える。しかし、社員並みの仕事をしても待遇はアルバイトのままだ。

「最低賃金だった」という時給はやっと六十円アップした。

仕事からの帰路、ミニバイクが工事現場の誘導ミスで車と衝突したことがあった。当時は一日七、八時間の勤務だった。

「腕をけがして、救急車で運ばれた。一カ月、店を休んだんです」

早紀は店長に事故の詳細を報告した。

「休業中の補償を頼んだけど、手続きはしてもらえませんでした」

しばらくして店長が代わった。新店長にあらためて補償を頼んだ。

「事故で休んだのは、労災になりませんか」

「調べてみるよ」

新店長は約束したが、結局、回答はなく、それっきりだった。

通勤途中の事故は、非正規雇用でも通勤災害として労働基準監督署に労災を申請でき、労災保険の給付を受けられる。しかし、会社からは説明がないまま、仕組みを知らない早紀は申請の機会を失った。

それでも、早紀にとって職場環境は以前働いていた工場よりははるかにましだったという。

夏のファミリーレストランの食材工場。里芋の煮付け、お子様カレー、うどんのつゆといった食材が次々とベルトコンベアに載って流れてくる。四〇度を超える暑さに、早紀はラインの脇《わき》に座り込んだ。

「吐き気がして、目の前が真っ白になる。『やばい』と思って、しゃがんで息を吸った。何度も気が遠くなった」

食材が流れるラインは止まらず、ほかの人がカバーしてくれて助かった。何十段も調理用のケースを積んだ台車を運ぶ仕事もした。

「床の両側は傾斜していて溝には機械洗浄の熱湯が流れてた。台車が傾かないように一人で引っ張るんです」

熱湯が長靴に入って足の皮がむけた人もいた。

「アルバイトには補償は出ないんです」

早紀がこの工場を辞めたのは、父親の実家がある東北地方で暮らすためだった。

高校中退じゃアルバイトもない

二〇〇七年の正月明け、早紀は東北地方にある父親の実家にいた。

「仕事は見つかるだろうか」

厳冬の街を走る祖母の軽乗用車の助手席で思った。仕事が減り、職人をやめて実家に戻った父親と関東から引っ越して三カ月がすぎていた。

両親は小学五年生の時に離婚した。

「それまでは普通に幸せでした。みんなでご飯を食べて」

母親が妹二人を引き取ったが、早紀は「お父さんがかわいそう」と父親との生活を選んだ。

「実家に戻るから」という父親の言葉に、当時いた定時制高校は一年生の秋、あっさり中退した。

「前の高校は雰囲気が最悪だった。教師が定時制の生徒を見下してるみたいな態度だったんです」

教室で財布の盗難事件があり、早紀と友達が疑われた。

「体調が悪かったから保健室で友達二人と休んでいて、教室に戻る途中に担任と会ったんです。そしたら『おまえたちがやったんだろう』って言われて。それっきり学校に行かなくなった」

早紀が憤慨して言う。

「その学校は、入学した途端に先生の態度がおかしいなと思いました。人間を相手にしている感じじゃなかったんです。退学届は出さなくて、行かなくなったら、学校からは通知も何も来なかったのに、次の年には退学になってました」

悩みを抱えた生徒への生活指導は何もなかったらしい。

「今の高校は最高ですよ。先生に悩みごとを聞いてもらえる。先生は友達みたいで気軽に話し掛けられるから」

　担任から盗難事件の犯人に決めつけられて憤《いきどお》っていた早紀に、父親から実家行きの話があった。「分かった」と答えた早紀は、もう高校に行かず働くつもりでいた。父親も「学校はどうするんだ」とは聞かなかった。それで早紀は東北地方に来た。

「孫の仕事を探してるんだけど、ここ、人採ってる?」

　車を降りた祖母が、以前働いていた部品工場で声を掛けた。

「年はいくつなの」

　早紀が「十五歳」と答えると、途端に断られた。

「十八歳以上じゃないとねえ」

　見知らぬ土地で、食料品店など、ほかにも祖母のつてを頼って職探しに回ったが同じだった。

「コンビニのバイトまで十八歳以上じゃないと駄目で、働けるようなところは全然なかったんです」

「探せばある」と甘くみていたが、高校中退の早紀は仕事が見つからず、地方の厳しい雇用事情が身にしみた。

　友達がいるわけでもない。

「方言がわからないんですよ。地元の高校生はすごくまじめだな、っていう感じだし。自転車に乗るのもヘルメットをしっかり着けてて」

「もう一度、高校に行きたいと思わなかったの」と尋ねると、嫌な思い出を振り返りながら答えた。

「何だか面倒くさくて。前の高校に行って、高校なんか嫌だなあと。あんなとこに行くぐらいなら働く、と思ってたんですよ。だけど、当てが外れた」

　早紀は祖母に相談した。

「仕事がないから戻ろうかな」

「その方がいいんじゃない」

　祖母の言葉に心は決まった。

　しばらくは再婚した母親の家に同居したが、母親との折り合いが悪くなった。

「母が気に食わないことがあると、義父が出てきて『ちゃんとしろ』と言うんです」

　その母親から「このご時世だから高校ぐらい行った方がいい」と言われて、もう一度高校を受験した。現在の定時制高校に入学したのを機に、母親の家を出てスーパーで働きながらアパートで一人暮らしをしている。

　陽子と久美と一緒にクリスマスの持ち寄りパーティーをするという日の夕方、早紀が自分の部屋で刺身をさばいているところを見せてもらった。

大皿いっぱいに手早く刺身の盛り合わせをつくっていく。毎日の作業だけに包丁を引く手は慣れたものだ。早紀は料理が大好きで、自分で料理したものをこまめにブログにアップしている。

ワンルームの質素な部屋には、よく弾くという電子ピアノがあり、譜面が広げられていた。その周りには、女子高生らしくかわいい動物の小物や小さなクリスマスツリーが載っていた。

棚の上には目覚まし時計が三つあった。仕事に遅刻しないように三つともかけて眠るのだという。

学費や生活費は月九万から十二万円のバイト代で賄《まかな》えるが、家賃の五万円はトラックの運転手をする父親の仕送りだ。

「父親の月収は二十万円ぐらいかな。おばあちゃんにも生活費を入れてる。『何のために生きてるか分からない』って」

父親も家賃を援助するのがやっとの生活だ。

「私が病気で倒れたら、すべて回らなくなる。父親も貯金はない。おばあちゃんに助けてもらうしか……」

必死に働き続ける早紀。

「頼る人がいなかったから、頼り方がイマイチ分からないんですよ。頼ったら疲れる感じがして」

頼れるのは自分一人。早紀は薄氷を踏む毎日だ。

「先生、俺の代わりに働いてくれよ」

「もっと働け、仕事を替えろ」

定時制高校の夜の教室。授業中、オールバックの金髪にニッカーボッカーの健吾（一九）が弟（一八）を殴りつけた。

「弟に説教してるだけだ。ほっといてくれ」

止めに入った教師に食ってかかり、その手を振り払うと弟を責め立てた。

「何で家に二万円しか入れないおまえがちゃんと飯が食えて、八万円も入れる俺が食えないんだ」

弟は泣きながら耐えていた。弟は週二、三回、スーパーでアルバイトをしていた。

健吾は建設現場で早朝から夕方まで働きづめの毎日。本人は「説教」と言うが、周囲には「たまったストレスをぶつけている」と映った。

全日制高校を中退した健吾は、早紀と同じ再入学組だ。

最初の高校では、数学の教師に出された課題を「本当に自分でやったのか」と疑われたことがきっかけで、トラブルになり学校をやめた。父親との関係も悪く、ほとんど家から出なくなった。

「今の時代、高校だけは卒業してくれって母親に言われて、いろんな先輩からも『高校だけは出といた方がいいぞ』って言われて、再スタートしようと思った」

再入学の理由を聞くと、健吾は素直に答えた。ボソリと話すが、人当たりはいい。

父親の暴力が原因で両親は離婚した。

「父親は酒に酔ってばかりで金を家に入れず、ほとんど働いていなかった。暴力がひどかったですね。普通に殴られてました」

母親と兄弟の四人暮らしだが、家のローンを抱えている会社員の兄の給料だけでは食べていけない。

工務店で働く健吾の朝は早い。会社は「もし困ったことがあったら来い」と声を掛けてくれた先輩の紹介だった。五時半には起床。弁当は母親と交代でつくる。朝食後、事務所に行き、会社の車で現場に向かう。賃貸アパートの建設現場での仕事が多い。

「いつも外の仕事です。基礎の仕事が多い。コンクリートを流し込んだり、道路の舗装もやる。雨がひどいとプレス機で鉄筋の加工なんかを工場でやる。危険で、下手をすると指を挟んだり切り落としそうになります」

雪の降った日のことだ。

「現場でブロックを積むのにコンクリートを打ったんだけど、軍手を使うとやりづらいんで、素手で作業してたら手に雪が積もって」

「それはつらかったでしょう」と聞くと、「つらかったですよ、凍えて」とその場で作業の手つきを再現して見せてくれた。

「風邪もひきますけど、行きますよ。休んでないですよ。休む理由として当てはまらない感じで」

毎日つけている手帳を見せてもらうと、二月の休みは一日だけだった。

「土曜は基本的に仕事で、日曜も『来てくれ』と言われたら行きます」

健吾の気持ちを尋ねてみる。

「きついですよ、そりゃ。休みたいですね。まあ、普通に休んでるようなやつを見るとねえ……」

一つ尋ねてひと言返ってくるような感じ。言葉は少ないが、率直に答えてくれる。日給が六千五百円から七千円に上がったばかりだという。

「うれしいッスけど、まだまだですよ」

この話をする時ばかりは照れながらもうれしそうだった。金額以上に、働きぶりを具体的に評価してもらえたことがうれしかったのだろう。

月収は十五万円ほどになるという。

それだけ稼いでいるなら、金に少しは余裕がありそうだと思い、健吾に聞いてみた。

「家に八万円を入れ、学費や定期代、バイクのガソリン代なんかを払うとほとんど残らないですよ」

痛いのは交通費だという。定期は一カ月ごとにしか買えない。さらに、現場は転々とするから、現場から学校まで移動する交通費が定期代とは別に三万円もかかる。

定時制の生徒が皆、心待ちにする給食は、仕事と移動の時間を考えると間に合わないから、と申し込んでいない。

「勤務時間を早めに切り上げると、職場に迷惑がかかる。授業に間に合うぎりぎりまで仕事をしたいから」

身を粉にしてまじめに働いているのだ。

「忙しすぎて昼抜きで授業を受けることもありますね。きついですよ。週末とかがやばい。眠くなるし、疲れる。授業で気が付いたら寝ていることがよくある」

休憩時間にコンビニの弁当やカップラーメンをかきこむというが、すきっ腹を抱えての肉体労働、ましてや、仕事が終わった後に駆けつける夜の授業はさぞかしきついだろう。

家に帰り着くのは夜の十一時前だ。

「缶ビール二本を飲むのが唯一《ゆいいつ》の息抜きですね」

テレビも見ずに寝てしまう。四畳半の自分の部屋にあるのはベッドぐらい。

「帰ったら、寝ることしか考えてないですね。今の世の中、金がなきゃ何もできないじゃないですか。生活費も遊ぶのも金がどんどん出ちゃう。だから休みの日も友達と世間話をしたり家事を手伝うぐらい。後輩で職人やってるやつと、職人の話ですね。カラオケも行かない。趣味じゃないし」

それでも何とか学校は続けている。

「授業料だけじゃなく必要な学費が全部無料化されたらすごくうれしい。その金を生活費に回せる。それだけで十分。そんなにうまくはいかないでしょうけど、実現したら本当に楽ですよ」

そんな健吾への取材は、仕事の現場近くの駅で待ち合わせて通学の電車内で話を聞くことから始まった。駅に着くと、話を聞きながら歩いて学校へ。授業が終わるのを待って学校から駅へ。歩きながら細切れのインタビューを繰り返すしか、健吾の貴重な時間を割いてもらえる方法はなかった。

健吾に「将来の夢は?」と尋ねると、「夢ッスか。うーん、女房、子どもを路頭に迷わせないことぐらいじゃないですか。明るい家庭ッスかね、やっぱ」とはにかみながら答えてくれた。卒業後も建設関係の仕事を続けるつもりだという。

「一生、こういう仕事で働きたい。好きですね。最初はしんどかったけど、やってるうちに好きになりました」

その言葉に、少し救われた思いがした。

ある日、生徒指導担当の藤井和男に、健吾が疲れた表情で言った。

「先生、俺の代わりに働いてくれよ」

早朝から仕事に追われ、給料も半分は家計に取られる。「説教」と健吾が言う弟への暴力を、藤井は「働くことの厳しさを知る一方、将来が見えないいら立ちが募り、恨みになった」とみる。

「親のすねをかじって甘えてるやつを見ると、頭にくるんですよ」

最近、健吾は常にいらいらして、学校で問題を起こすことが多くなった。退学させたいと思う教師もいる。藤井は言う。

「貧困がこんな形で暴力を生んでいる。そこを理解して辛抱強く指導してやらないと」

そう言う藤井は、健吾が問題を起こすたびに、職員会議で懸命に守り続けた。

貧困は「自己責任」と悩む

進級のかかった二〇一〇年二月から三月、四人の定時制高校の生徒たちは生活に追われ、心も不安定だった。

生徒会長の陽子は携帯電話の部品工場を辞めてしまい、アパートの部屋で引きこもりの状態になった。

久美は腹痛が続き、亡《な》くなった母親と同じガンを疑って不安を募らせた。

早紀もスーパーの仕事を続けるかどうか悩んでいた。

生徒指導担当の藤井が「ここで挽回《ばんかい》しないと」と祈る三学期の期末試験を迎えたが、三人とも黙って欠席した日もあった。

建設現場で働く健吾は、出席しても投げやりに白紙の答案を出す科目があった。

陽子が工場を辞めたのは、実家の借金の返済期限が迫り、不安になった母親から実家のリサイクル店の手伝いを頼まれたからだ。

「そのころは、職場のいじめで人間関係をうまく結べず、自信をなくしてた時期でもあったんです」

アパートから実家に戻り、金策に走り回る父親の姿を目《ま》の当たりにすると、さらに落ち込んだ。

「家のお金をたくさん持ち出して負担をかけたでしょ。それに、働いて自活しようと決断して家を出たのに、結局、仕事も辞めてしまって」

うまくいかないのは全部、自分のせいに思えた。家族や自分が貧困な状態になったのは「自己責任」だ、と悩んだ。

「ごくつぶしだから、いない方がいいんだ」

そんなふうに思えた。

陽子はよく自分のことを「ごくつぶし」と表現する。自分のことを大切にする自尊感情の低さは徹底していた。

そのころ、体調不良で欠席が続く久美は、携帯電話のブログにたびたび「死ぬ」と書き込んだ。

「学校やめよう。死ぬのに学校通うとかお金もったいない気がする」

陽子は返信で励ました。

「絶望しないで。学校やめたらバイトの選択肢もすごく減っちゃう！」

陽子が電話しても久美が出ないことも多く、このころ、二人はブログを介してやりとりすることが多くなっていた。

しかし、陽子の懸命の励ましもむなしく、久美の腹痛と精神的な落ち込みはひどくなるばかりだった。

「お母さんもガンだったから、自分も……」

久美はガンへの不安感が膨らんで頭から離れず、自縄自縛になってどんどん追い詰められていった。

「子宮ガンだったら学校を退学する。お父さんも承諾してくれた」

二月中旬の夜、久美はこう書き込んだのを最後に料金が払えず、とうとう〝命綱〟の携帯を止められてしまった。

陽子は、久美の家に直接訪ねていくしか連絡する手段がなくなった。

父親の仕送りとアルバイト代でぎりぎりの生活の早紀は、パソコンが好きだ。大学の工学部に進学することを望んでいる。「でも、どう考えても費用がたまらない」とため息をついた。

健吾は「俺は、まだまし。中学の時の同級生で、家に金がなくて高校に行けなかった友達が何人もいるんだから」と黙々と働く毎日だった。

みんな周りから「高校ぐらいは出ろ」と言われて入学した。卒業証書は何とか手にしたいが、生活に疲れ、すぐくじけそうになってはまた思い直すことを繰り返していた。

三月中旬、陽子がやっと久美に会えた。

「医者は精密検査を勧めるけどお金がない。一日一食しか食べてない」

久美はつぶやいた。

期末試験は半分以上欠席で、留年は確実だった。この時、藤井も何とか久美を学校に来させたいと考えていた。しかし、携帯電話も使えなくなった久美とはなかなか連絡が取れずにいた。

「とにかく先生に追試を頼んだら」

陽子が励ますと、久美はおずおずとうなずいた。

状況は絶望的に見えた。しかし、数日後、久美は登校して藤井に頼み、追試を認められた。結局、藤井の尽力でなんとか四人の進級が決まった。

待ち受ける現実は厳しいが、陽子は「学校の先生になりたい」と将来の希望を語る。それも定時制の先生になりたいという。そのためには大学に進む必要がある。

文部科学省によると、二〇〇九年度の高校卒業者の大学・短大などへの進学率は五三・九％。全日制の五四・七％に対し、定時制の場合は一四・四％にとどまっている。

「夢のまた夢ですけど。生徒会活動を通して、学ぶことの大切さに気づいたんです」

陽子は満面の笑みを浮かべた。

綻《ほころ》びる学びのセーフティーネット

「学費を自分で稼いで払う生徒は十年前、クラスで一人だったのが、今は三割ぐらいに増えたかな」

陽子たちが通う定時制高校の生徒指導担当の藤井和男が言う。教育現場で三十年以上、子どもたちを見続けてきた。

「以前、アルバイトするのは車を買うためといった、自由に金を使うのが目的だった。今はそんな余裕はない。稼いだ金は学費や生活費に回る。学費の滞納もすごく増えた」

藤井は二〇〇〇年代の半ばごろから、子どもの貧困の広がりと深刻化を実感しているという。

「子どもには成長、発達のための学びが必要で、本来働かなくてもいい。このごく普通の生活ができず、学費を本人が働いて払わざるを得ないのが現代の貧困だ」

藤井はこう説明する一方で、「子どもの貧困は見ようとしないと見えない」とも言う。

藤井には苦い経験があった。五年前のことだ。授業中、携帯電話で話していた男子生徒に「電源を切れ」と注意した。

「俺の仕事と生きる権利を奪うのか」

猛反発を受けた。電話の内容は、その夜の仕事の依頼だった。

ダブル、トリプルワークで働く生徒たちにとって、職場の勤務シフト変更の連絡などを受ける携帯電話がなければ仕事にならない。

「学校は生活を保障できるのか」

「働く権利は？」

教室で藤井と生徒たちはけんか腰の議論になった。

「生徒は携帯がないと仕事もできない、と初めて認識させられた。多くの教師は『携帯はぜいたく』と外見で判断してしまうが、それでは家庭や生徒の実態は見えない」

貧困の広がりの中で、子どもたちを支える教育のセーフティーネットは機能しているのだろうか。

「教育にかかる費用は全部無償化すべきなのに、反対に給食や教科書の補助が廃止されたり、条件は厳しくなっている」

藤井は、生徒を支えるどころか苦しめる政策は直ちに元に戻すべきだと言う。

奨学金制度に対しても「卒業後に返済しなければならない貸与ではなく返済不要の給付にすべきだ。卒業後も借金を抱えることになる」と訴える。

文部科学省によると、高校の奨学金受給者は二〇〇七年度に十五万二千人だったが、〇九年度は予算ベースで十七万二千人に増えた。政府は奨学金の拡充を掲げているが、奨学金の大半は返済が必要な貸与のため、申請しない生徒も多いとみられる。

新たな懸念《けねん》は、不況で大都市圏を中心に定時制受験者が急増し、多数の不合格者が出ている問題だ。

「希望すれば入れるのが定時制だったのに、学校が統廃合で減った。定員を増やし、門戸を開いてほしい。学びの最後のセーフティーネットが綻び始めている」

文部科学省によると、定時制高校は一九九七年度に九百七校だったのが二〇〇九年度は七百三十二校に減った。ところが、不況とともに新卒の志願者は増え、九七年度の二万三百六十七人から〇九年度は三万九百八十九人になった。特にこの数年、不況の深刻化で全日制の公立高校を落ちても経済的な事情で私立高に進めず、定時制の公立高を希望する生徒が激増。定員を増やしても受験で不合格者が出て問題化するほどになった。

学校にできることには限界がある。そのため、藤井が特に必要性を唱えるのは教育と福祉の連携だ。

生活保護などの福祉制度に詳しい社会福祉の専門職「スクールソーシャルワーカー」を配置する教育委員会が少しずつ増えているが、まだ数は少ない。スクールソーシャルワーカーは、貧困や虐待《ぎゃくたい》などの問題を抱えた家庭の状況を把握し、行政や福祉施設、警察などに協力を要請する活動をする。生活保護や就学援助の申請手続きの助言もし、家庭と社会福祉をつなぐ貴重な存在だ。

藤井はスクールソーシャルワーカーをもっと増やすよう求めるが、実際には予算が削減され、なかなか広がっていかない。

「ケースに応じ、学校関係者や民生委員、福祉、医療の担当者らがいつでも集まれるネットワークが必要だ。声を掛けないと機能しないのではセーフティーネットとはいえない」

識者インタビュー

教育予算の大幅増と学校機能の拡充を

東京大学教授　本田由紀さん

本田由紀さんは、フリーターやニート、ワーキングプアといった若者の貧困につながる問題は若者の「自己責任」ではなく、バブル崩壊後、一九九〇年代に日本の雇用システムが急激に変わったことに伴う社会の構造変化が原因だと一貫して訴えてきた。『「ニート」って言うな！』（光文社新書・共著）、『軋《きし》む社会』（河出文庫）などの著作を通じ、そうした日本の「家庭、教育、仕事」の変化と課題を明らかにしている。日本の教育のあるべき姿として、普通科教育だけでなく、仕事の世界への「適応」と正しい「抵抗」の両面を含む職業教育を重視することを提言。就職の際、具体的に役立つ武器を持った社会人に育てる教育を目指すべきだと主張している。

――ルポに登場したベテラン教師は「子どもの貧困は見ようとしないと見えない」と言いました。私たちも子どもの貧困は見えにくいと感じます。取材では、「子どもの貧困なんて日本にあるのか」と言われることもありました。本田さんはどう思われますか。

日本では、子どもが路上で泣いているわけではなく、今は安い服もありますし、オシャレだったり携帯電話も持っていたりして、困窮状態にあるかどうかは見た目でははっきりと分からない場合も多い。取材やデータであぶり出さない限り、貧困は見えません。だから「ない」とか「たいしたことない」とかになってしまう。本人にもプライドがあって隠そうとします。家族の恥だと思って抱え込みがちです。それで助けを求めずに状況を悪くし、疲れて絶望的になって家族内で荒れたりします。家族はクルミみたいな硬い殻で覆《おお》われていて、中でどのような絶望的なことが起きているかは見えにくいものです。

——本田さん自身が具体的に「子どもの貧困」に接した体験はありますか。

いくつかの活動を通じて困窮状態の子どもや若者と接点があります。例えば、生活保護を受けている子どもに勉強を教える「寺子屋」的な活動をするＮＰＯに関わっています。今、そういう活動は全国的に増えていますが、そのＮＰＯでは公民館で大学生が子どもたちに個別指導をしていて、私はその様子を見せてもらっています。そこに来る子はすごく人懐《ひとなつ》っこい感じがします。マンツーマンで教わるのをすごく喜んで、素朴で率直に身の上相談もしている。「これはかまってくれる人に飢えてるな」という感じがしました。親にかまわれる機会も少なくて、渇いた状態に置かれてるんじゃないか。綿が水を吸い込むみたいで切なかったです。

それから、私は内閣府の「パーソナル・サポート・サービス」の委員をしています。いくつもの困難を抱えている人に寄り添って支援するのが目的です。家族や仕事、住居、健康、人間関係など、一つ崩れると連鎖的にみんな崩れてしまう。困難が絡《から》み合った状況の人が来ます。全国にモデル地区があって、地方自治体や、ホームレス支援をしてきたＮＰＯ、若者の就労支援をしてきた団体などが請け負っています。対象者の年齢層も幅広く、今回のルポの取材対象でもおかしくない若い子たちもたくさん来ます。病気や障害のある人、家族の機能不全といった、若くても苦しい立場の人が来ています。

――バブル経済の崩壊から約二十年、「一億総中流」から「格差社会」といわれるようになった今、家族や学校はどう変容したとみていますか。

私は教育の調査研究から始めて、その前段階の家族、教育の出口としての仕事との関係を調べてきました。この関係がバブル崩壊後に変容し、その中で貧困の立場の人がたくさん現れてきています。かつては「家族から教育へ」「教育から仕事へ」「仕事から家族へ」という形でアウトプットが流れ込む循環関係がきっちりありました。個人が属する場の基本的な単位が家族です。それは仕事から持ち帰られる賃金に支えられ、次世代の教育を支えるという関係が世代間で回っていた。しかし、一九九〇年代の変容の中で、その循環が不完全な形でしか成り立たなくなった。それぞれの間でアウトプットがうまく注ぎ込まれなくなり、途中でこぼれる予備軍がたくさん出ている。こうした中に、ルポの定時制高校生のように循環の中にギリギリ踏みとどまっている子たちがいるわけです。でも多くの人、特に年配層は、バブル崩壊までの戦後数十年の記憶に縛られています。あの頃の社会のあり方が標準だとされ、他の考え方ができずに対処が遅れ、緊急対応的なごまかしをしている。

「家族、教育、仕事」の三つの中で最も基盤となる単位は家族ですが、その基本をなす夫婦が今、すごく壊れやすくなっています。収入が不安定になり、精神的にも不安定になり、暴力の発生もある。家族が不安定になったのに、いまだに「それぞれの家族で何とかしろ」と考えられがちであることの矛盾がすごく大きい。ルポを見ても、家族のもろさが際立《きわだ》っているケースがしばしば出ています。収入がなく、住みかがなく、関係が荒れて、という状況が克明に描かれています。本来なら、年少者に与えられるべき、将来を作る上での基盤が簡単に失われる。それを補う社会的制度とか、その制度につなぐ仕組みがない。代わりに頑張ってくれる先生もいますが、そんなに積極的な学校は少ない。すると、支援につなげてもらえず孤立することになります。

――困窮している高校生には、どんな支援ができるでしょう。「高校ぐらいは」と入学しても、定期代や教科書代にも事欠く子は大勢います。公立の授業料が無償になったとはいえ、私費負担はまだ大きい。途中でやめる子も多い。学力面も経済力と比例しているようです。

直接的には、高校の実質的な無償化が必要でしょう。いろんな経費を含めての無償化を主張していくしかない。それと同時に、もっと早く、初等教育段階から学力を保障する必要があります。今の義務教育は学力の保障が全くできない仕組みです。座っていれば小一から中三まで進級できる。学力を保障する防波堤になっていません。どれだけ学力がつくかは個々の先生や学校の方針や努力次第です。でも、教育現場は問題が重なり、先生は疲弊している。

しかも、昔は家族が学校を助ける面がすごくありました。でも、もうそれが必ずしも当てにならない。以前は、日本の家族は一生懸命、お金を払ったし、宿題をやらせたり、朝、送り出したりと、教育熱心な母親が教育を支える役割を担《にな》っていました。しかも、教師は敬意を払われる対象でした。一応、学校の言うことは権威があるとして従っていた。今や家族間の格差がさまざまな面で広がり、親が持つ諸資源の差も大きくなっています。教育に過剰に熱心な親もいれば、学校の手助けを担いようもない家庭も出てきている。それで、公教育の中で生徒の質がばらばらになる。すると、多人数の生徒集団に対して教員が一斉授業をするというこれまでの形では無理が大きくなっているのです。日本の政府は教育予算をずっと絞ってきましたが、もっと先生を増やして一人当たりの生徒数を減らさなくてはなりません。同時に、事務作業やスクールソーシャルワーク的な仕事を担ってくれる人を増やし、学校の機能を拡充する必要がある、と私は主張しています。

——先生がきちんと子どもに向き合う時間を確保するには、学校にもっと事務職員を増やし、外部の支援とつなげる専任のスクールソーシャルワーカーの配置が必要だということですね。

そうです。教員がなぜこんなに疲れているかというと、ありとあらゆることが指導の対象だからです。日本の場合、「○○指導」と言えば、何でも教員の守備範囲とみなされる。清掃指導、給食指導、下校指導、校外指導と、全部教員がやらなければならない。それが、一番根幹のはずの授業に割ける時間、エネルギーを奪っています。担い過ぎているものを代わりに担当する人を付けていく必要があります。部活の指導者や図書館司書もちゃんと手配する細かい対処が必要ですが、今まで政府はそういう手厚い公教育の提供をサボってきた。教員の重荷を減らし、きめ細かい指導ができるようにしなければなりません。低学年のころからしっかりと指導して、習得を見届けた上で進級させるようにすることも必要です。習得が不十分な子どもについては、継続的な補充授業が必要だと次学年の教員に申し送りをして。今、日本の教育にはかつてより破綻《はたん》が広がっている。だから、私は教育の立て直しを主張しているのです。

生徒の悩みを聞くスクールカウンセラーのほかにスクールソーシャルワーカーも導入されてきていますが、一人が多くの学校を兼務し、一校当たりの時間が短く、役割が十分担えていません。代わりに先生が一生懸命、手弁当みたいな形で動いている。もっと増やすべきです。今後は、心理面に特化したスクールカウンセラーよりも、外部の支援につなげる役割をするスクールソーシャルワーカーに期待します。

――破綻した「家族、教育、仕事」の関係をどう立て直していけばいいのでしょうか。

一方的な関係ではなく、この三つが、相互に恩恵をもたらすとともに互いに緊張感をはらんだ自立性を持つような関係を作る必要があると思います。これまでは家族が一方的に教育を支えていた面が大きい。親がわが子のために費用や意欲を懸命に投入してきましたが、今、逆に教育が家族を支える役割が必要です。ルポからも強く思ったのですが、子どもにとって、学校は正式に属することができる唯一といっていい公的な機関です。学校は全国にありますし、地域の中でもっと重要な役割を果たすべきだと思います。地域の子どもに対し、社会との「へその緒」的な機能を学校が果たせるようにすべきです。若い子たちを通して、その背後にある家族の問題を見いだし、支援を提供する場になることを期待します。そのためには人員の拡充が必要です。

――今、自立のための支援が必要な子どもに、具体的で即効性のある対策や仕組みはありませんか。

例えば先ほどのパーソナル・サポート・サービスは、「絶対、見捨てない」というのが理念なので、そこの助けを借りるのも一案です。まだモデル事業なので全国にくまなく広がってはいませんが。厚生労働省の「地域若者サポートステーション」という機関もありますが、カウンセリングや、アルバイトの履歴書の書き方をアドバイスするようなことがメインなので機能が弱い。ただ、全《すべ》ての都道府県にあります。でも、そういう公的な若者支援の機関があることを学校や子どもが知らない場合が多い。大手を振って利用していい機関ですから、もっと利用されるといいですね。

行政は縦割りで、よく「うちの課ではない」とたらい回しにします。これをしないのがパーソナル・サポート・サービスの眼目です。いろんなケアが必要なとき、全ての窓口に同行したり、医療機関やハローワークにも一緒に行って、疲れ切った本人の代わりに説明したりする。仮の身元保証人みたいに、寄り添って見守り、支援するのがパーソナル・サポート・サービスです。その分、困難の大きい人を対象としています。若者については、親がまず相談に来るケースも多いですが、親と関係が悪いとか、むしろ親が本人の足かせになる場合、若者が自分で来たり、他の支援機関が見いだした場合は連れてきて、時には住む場所を確保したりもします。

——そこにつながればいいんですが、つながるのが大変です。特に子どもに肝心な情報が届いていません。

学校にいる間につなごうという試みが一部で始まっています。困窮した子が多い高校に、パーソナル・サポート・サービスや就労支援を担っているNPOの人が、在学中から曜日を決めたりして学校に来てくれているんです。生徒に気軽に声をかけたり、相談に乗ったりとかして顔つなぎをしています。学校を出た途端に孤立しないように、在学中から支援機関につなげておこうというわけです。元々、それらのNPOは孤立している子をターゲットとしていますが、孤立した子を探しだすより、孤立しそうな子を早い段階から支援につなげた方がいいだろう、という発想で学校に入り始めているんです。

ただ、どこでもうまくいくとは限りません。学校はすごく壁が高くて厚い場合が多い。NPOなどが、常駐するような形で継続的に学校に入るのを嫌う場合が多い。予算もない場合が多いです。学校は「外部との連携」とか「開かれた学校」とか言う割に、学校の先生方と外部の組織が、信頼に基づいて関係を築くのはすごく難しい。今挙げたケースは、個人と個人の信頼関係で、NPOの人と、校長や頑張っている先生とのパーソナルな関係がしっかりあって、学校が単独で始めた例です。だから制度として広げるまでには遠い道のりがあります。でも、他にもそういう例が始まっていると聞いています。

――若者支援の団体の活動は十八歳以上が対象で、逆に子どもの支援の活動は十八歳までという区切りがある。最近、その乗り入れというか、支援が切れないようにする動きが出始めています。不登校や引きこもりの支援団体で聞きました。

そういう動きは大切だと思います。

――親の経済力の格差は子どもの学力や意欲にも影響が表れているといわれます。取材した四人のうちの二人は一度中退しています。やめたら思ったより厳しくてアルバイトもない。それで再入学した。卒業まで意欲を維持させて、就職や進学につなげる方法はありませんか。

学校に「居場所感」があるかどうかでしょうね。自分が承認を得られている感じがあるかどうかが重要じゃないかと思います。教員の方や、生徒間で関係性が形成できるかでしょう。その子にとって、いい先生、いい仲間がいて、そうした関係性を基盤として学びが成立しているかどうかが大きいですね。

――ルポの高校にはいい先生がいて、退学になりそうな子どもを体を張って守ってくれました。でも、そんな先生ばかりではありません。通い続ける意欲を持つには学校の雰囲気も大きいでしょうね。

職員室を開放していて、子どもがいっぱい入ってくるような学校もあります。気軽に先生とだべって、他愛のない雑談が自然にできるようにしておくことで、そこから深い相談につながったりする。「学力を付けろ、付けろ」でなく、まずは本当に属する場として、彼らの存在を肯定することが、ギリギリの状態にある子たちには必要です。

――子どもを孤立させないというのは大事ですね。家族とも先生とも、友達ともうまくいかないと孤立する。就職も厳しい状況で、社会で孤立すれば最底辺の生活になりかねず、貧困の連鎖が生まれる。そうさせない工夫はありませんか。

本当に難しい問題です……。ヨーロッパでは、学校の外で、「ユースワーク」という若者向けの児童館のようなものがあり、バンドやダンスの練習ができる。入り浸っていられて、パソコンの練習もできる。若者たち自身の企画でイベントをやり、若者の居場所で、かつ自発性を引き出せる。専門職の若者もそこにいて、ちょっとお兄さんお姉さんという感じで、仲間として支援するみたいな場がある。

――取材した子はみんな働きづめで忙しい。そんな場所があっても行く余裕がない。通学中、電車内や歩きながら取材した子もいます。アルバイト収入で学費を払うだけでなく、家にも金を入れる。本来、子どもは金の心配なく学習を保障されるべきだと思いますが。

「そんなに厳しいなら、生活保護を受ければ」ということになるのでしょうけど……。

――生活保護は親が申請に至るまでに「恥ずかしい」という気持ちが強くて、なかなか受けようとしないケースがよくあります。

日本は、自助努力とか、お上の世話になりたくないとかいうのが、強い規範になっている社会ですね。政府がすごくサボってきたことと、個人が勝手にやるものだ、という考えとが、表裏一体で浸透している。国民も、自助努力すべきだと考えて、「国民の生活を支えるのは税金を取っている国の責任だろう」という意識がない。国とか行政は小さいほどいいと見られている。それが結局、自分で自分の首を絞めている。

――生活保護は最後の砦《とりで》だと思いますが、その前に直接子どもを経済的に支援できる仕組みはありませんか。例えば子ども手当が親に行くのではなくて子どもに渡るよう

な。

ルポでも、奨学金が家族の家賃になるようなケースが出ていましたね。イギリスには「チャイルドトラストファンド」という制度があり、子どもが生まれた途端に、赤ちゃんの時から一定額が振り込まれます。お金を積み立てて、十八歳になるまで引き出せない。その間に利子がつく。いずれ自立できるように、人生の出発期から支えるわけです。子どもが自分自身で引き出して使うことができる。人生の、できるだけ早い時期に、持っている資源の差を減らそうという取り組みです。

——高校の授業料が無償化される一方で、給食費や教科書代の補助が廃止されるなど、逆に負担が増えている地域もあります。

もっと国が教育に費用を投入する必要があります。所得税の累進《るいしん》性を大きくしたり相続税を大幅にアップしたりして、富裕な層からの再分配を拡充することを、もう避けては通れない。消費税率にも手を付けざるをえないでしょう。教育面の支出が、家計に依存しすぎている。そこに絞って様々な形で訴えていく必要があります。例えば「教育費の実質的な無償化を」と掲げてデモをする手もあります。日本の大学の学費も高すぎます。

——定時制高校の卒業生の進路は就職にしろ、進学にしろ、厳しい状況にあります。

特に社会的自立に欠かせない就職を支えるにはどんな方策があるでしょうか。

魔法のような解決策はないですが、厳しい状況の子が多い普通科高校の先生が「この子たちに高校の普通科目の内容を無理に教えて何になるんだろう、という気持ちになる」と話していました。彼らが労働市場に出た時に、少しは支えになるような職業教育を拡充することは重要な一つの対策です。ただ、働く場をどう確保するかという問題が、本当に難しいです。働き口がないし、あっても条件が悪い中でどうすれば解決策になるのか。

気宇壮大な話ですが、私は一九九五年で廃止が決まった失業対策事業をリニューアルしてもう一度やるべきだと思っています。反対は多いでしょうが。昔は自治体が失業者を直接雇って、公園や道の整備とかの仕事をしてもらっていました。でも、賃金が上がってきて批判を浴びた。ただ、私は「ここに来れば仕事がある」という場を公的に作る必要があると思うんです。仕事を探しても全然なかった場合、高い賃金ではないが、ここに来れば当座の働き口はある、という場を公的に作るべきだと思う。

でも実際には、かつてのように自治体が直接雇用するだけでなく、いろんなＮＰＯとかが公的な事業を受託して行うような、さまざまな団体で雇用を提供する方向に進むことになるのでしょう。「中間的な労働市場」の必要性ということですね。いきなりフルに働くのでなく、その前段階的な、賃金もあまり高くない、雇用市場にすぐ出られるほどではないけど、何か働く場がここにあるという仕組みです。生活に最低限必要な収入を保障する「ベーシックインカム」という言葉をもじって、私はこういう最低限保障する雇用を「ベーシックエンプロイメント」と呼んでいます。

今こそ、ベーシックなエンプロイメントを保障する必要がある。戦後、失業対策事業への反対が多くて、先細りになってしまった。しかし、皮肉なことに、それが終了した九五年以降、失業対策事業の必要性は高まっていて、むしろ今こそ必要なんだということです。実現までの道のりは遠いですけどね。東日本大震災の被災地でも、行政による臨時雇用だけでなく、行政じゃないところで何とか「仕事作り」「仕事起こし」をして、被災者の方に、仮設住宅の見回り支援とかがれきの撤去の仕事をしてもらっている場合もあります。私は、そういう仕事をしてくれた人にキャッシュを払う活動を推進している「キャッシュ・フォー・ワーク・ジャパン」という団体のメンバーでもあります。日雇いになるかもしれないけど、やってくれた仕事に対して公的に報いるような仕組みを、今だからこそ作る必要がある。

――中間的な労働市場をステップにして、さらにいずれは本格的な労働市場へ出て行こう、ということですか。

中間的就労と並行して職業訓練を受けたりすることにより、ステップアップしてもらうというのが理想です。ただ、障害を持っている方とか、障害者手帳はないけどそんなにバリバリ働けないボーダーラインのような若者にとっては、ステップではなくて、そこしかいる場所がないかもしれない。でも例えば作業所で働いて月に一万円程度の収入しか得られないようなケースより、もう少し密度の高い仕事の場が必要です。最低賃金を少し割るぐらいの賃金でも、バリバリ働くのではなくても、一定の時間だけ働いて、収入の不足分は生活保護と組み合わせるとか。生活保護だけだと、それこそ社会参加につながりにくく、孤立しがちです。そのためにも、ベーシックエンプロイメントを作る必要がある。

仕事のステップアップにはベーシックエンプロイメントに訓練を組み合わせた形がいいでしょう。介護とか介助で一日四時間働き、一日四時間は座学で勉強して資格を取るとかいろんな仕組みが考えられる。失業手当を受給できない人に職業訓練を受けてもらい、月十万円の生活費を支給する「求職者支援制度」が二〇一一年十月から始まりました。必要な制度ですが、やり方がまずい。実質的な訓練の有用性もおぼつかないし、地域格差も大きいし、ムラがある。ただ生活費を得ながら訓練を受けられることはありがたい制度です。生活保障とセットで技術や資格が得られる訓練の場を提供する仕組みは、今後どうしても必要になると思います。

【文庫版追記】
民主党政権下で始まった内閣府のパーソナル・サポート・サービス事業は二〇一二年度で終了した。イギリスのチャイルドトラストファンドも一〇年度に廃止されている。

第二章　貧困の連鎖断ち切れ

子どもに掛けるお金ない

「弁当代の未納金の支払いを頼んでも、お父さん、おばあさん、お母さんとたらい回しにされて全然埒《らち》が明かない」

二〇〇九年春、大阪市内にある公立中学。二年生の担任となった山口香苗は、由美（一五）について前任者からの引き継ぎを受けた。一年間の未納額八千円。四月も何回か未納があった。

由美の通う中学は、経済的に学校生活が困難な家庭に学費などの支援をする就学援助制度の対象世帯が八割を超える。

厳しい経済環境の中で生きる子どもたちと向き合う学校は、貧困の連鎖の解消と、子どもの社会的自立の支援を教育課題の中心に据え、地域社会のネットワークを活用した様々な実践に取り組んでいる。

「このケースは保護者ときちっと話しあえば解決できるんじゃないか。家の様子も分かってくるだろうし」

山口は仕事の空き時間や帰宅途中に足しげく家庭訪問を繰り返した。靴底をどれだけ減らして家庭訪問をしたかが教育の成果として表れるという「靴減らしの教育」だ。この中学では生徒指導の基本の一つとなっている。

「母子家庭で母親は毎日、夜飲みに出かけて子どもたちだけという家もあるし、家に風呂《ふろ》がないからみんなにバカにされて泣いて帰った子もいる。離婚をめぐる裁判で、日本語のできないフィリピン人のお母さんのために裁判所に付いて行き通訳している子もいる。虐待《ぎゃくたい》がひどくて近所の人が何度もお巡りさんを呼ぶ家もあって、受け持ちのクラスは問題が盛りだくさんという感じ。そんな家庭にいろいろ問題を抱えている子どもとつながろうと思えば、家の事情を知らないと無理。保護者と関係ができていなかったり、話ができないようでは駄目で、生徒指導はできないですよ」

由美の家は、住宅が密集する細い路地の奥にある古い木造二階建ての集合住宅だった。母親代わりの祖母と父親、妹の萌（一三）の四人で暮らしていた。

「見ての通り貧乏暮らしで、汚くしてます」

祖母との会話は、最初は玄関先だったが、山口が足を運ぶうちに部屋に上げてくれた。

窓は路地に面した台所に一つあるだけ。居間に続くカーペットを敷いた床は歩くたびに沈むようにしなった。天井は低く居間は電気がついていても薄暗かった。

六十代後半の祖母は、山口に生活の苦労をポツリ、ポツリと話し始めていた。

「息子の給料から借金とか払うと、家計に入るのは十万円を切る。私の年金三万円を足しても、かつかつの生活で、子どもらにお金を掛けられない」

家賃や光熱費の支払いが家計を圧迫した。残りの生活費で、祖母は食事のやりくりも大変だった。

「うちではいいものが作れないから、萌はよその家に行っておいしい物を食べてくる。口が肥えてるので、私の手料理は食べない」

祖母は山口にこぼした。しかも、由美が中学に入学した二〇〇八年四月から、それまでの学校給食がなくなった。

大阪市はその年三月で、一部の中学で実施していた給食を「保護者負担の公平性の観点からも望ましくない」として廃止したからだ。

「中学校給食については、『市民の声』などで実施校の拡大を望む意見もあり、全《すべ》ての中学校での給食実施によって保護者負担の公平性を担保することは、選択肢の一つであるが、本市の現状としては、家庭弁当について高い持参率を維持しており、保護者としても弁当を持参させることに家庭の役割や意義を感じている方が多く、生徒も望んでいるなど、弁当が家庭において、実質的にも定着しているといえる」(「中学生の昼食の考え方」のまとめ)

市内の全中学校で給食を完全実施するより、一部の実施校の給食を廃止したほうが実態に則しているという理屈だ。

文部科学省によると、全国の小学校ではほぼ全校が給食を実施しているが、中学は二〇〇八年現在で九一%にとどまる。実施率が低い自治体をみると、大阪府の一七%が際立《きわだ》つ。ほかには滋賀県、和歌山県が五七%、神奈川県が六五%だ。

文科省は「財政面の厳しさがあるほか、弁当の方が親子関係に良いと考える自治体があるため」としているが、大阪市はその典型例といえた。

弁当を持ってこない生徒は、業者の弁当を事前に予約して買う仕組みになった。当日の朝までに、保護者が携帯電話から注文ができるシステムだ。

代金は当初の一食三百五十円が、一年半後の〇九年九月から七十円の補助が出て二百八十円になった。

「その日、弁当代のない子は付けにして、教員は全員が弁当を買う申し合わせなので、その弁当を必要な数だけ子どもに回す」と山口。

数が足りなくなり食べそびれた教員は、買い置きのカップラーメンで我慢する。

この中学では、自校調理方式で学校給食を実施していた時は、給食費が就学援助の対象だったので未納問題はなかった。だが弁当代は援助の対象外になる。生活苦から未納者がどうしても出た。

昼食は、生徒全員が校内のランチルームのテーブルで、クラスごとに分かれて食べる。ルーム内の調理室には、自校調理で給食をつくっていた時の大きな鍋《なべ》や釜《かま》が、今も整然と並んでいた。

給食の廃止は「弁当代が払えないという経済的な貧困を表面化させただけではない」と生徒指導担当の石山宏は言う。

「給食は昼間、学校で栄養が確実にとれるだけでなく、精神面でも誰もが安定して周りの子どもと一緒に食事ができる。弁当は中身を隠して食べる子どもや、弁当を作ってもらえずその場に居られない子どもを生む。経済的な貧困が、人間関係をつくれず孤立するもっと深い貧困に子どもたちを追いやってしまう」

人間関係を豊かにするはずの学校での食が、格差の中で子どもたちの関係を希薄にしている。

「ほんとに金がない。弁当代の三百五十円を工面するのも大変だ」

祖母の言葉に山口は何度足を運んでも未納金の話を持ち出せずにいた。

就学援助、整わぬ申請書類

広い窓から校庭が見渡せる中学校の生徒指導室。山口の家庭訪問が続いていた五月下旬、由美の祖母が訪ねてきた。就学援助の申請書類が整わずに困っていたからだ。

「先生、よろしくお願いします」

ソファに座ると、持参した由美の父親の健康保険証のコピーをテーブルに置いた。

由美が学校から申請書を持ち帰ったのは四月初め。締め切りは六月だった。

「申請書はクラスの全員に配付した。就学援助は君たちの学校生活を支援するためにお金が出る制度なので、積極的に利用しなさいと言いました」

担任の山口の話だ。

就学援助は、生活保護を受給する「要保護者」と生活保護に準ずると市区町村が認定した「準要保護者」を対象に、給食費や学用品、修学旅行費などを支給する制度だ。文部科学省の調査では、就学援助率の全国平均は二〇〇一年度の九・七%から〇八年度は一三・九%に上昇した。

「学校が申請書類を回収、不備をチェックして教育委員会に一括して出しますが、生活に追われる家庭は書類がそろわなかったり、書けなかったり、出せなかったりするでしょ」

就学援助は、本来は申請の有無に関わりなく、認定基準を満たす子どもを支援するのが原則だが、実際の運用は保護者からの申請を必要とする「申請主義」となっている。

「就学援助が受けられないと、学校の徴収金が支払えず未納額が大変なことになる。家庭訪問のついでに書類を書いてもらい回収に走り回る。締め切りに間に合わないからと、私も駆け付けて書類作りを手伝うこともあります」と山口。

申請書類の準備をしていた由美の家は複雑な事情があった。

祖母が由美と萌を育てていたが就学援助の申請者は、保護者として届けた父親になる。

「お父さんの収入だけでいえば、所得が多くて由美のケースは就学援助の認定基準を超えてしまい、対象にならない」

相談を受けた石山が言う。

ところが、父親は借金を抱えてかなりの額を返済していたので、返済後の所得をみると援助の認定対象になる。就学援助の認定基準は自治体によってばらつきがあるが、大阪市は前年の世帯所得が生活保護基準の一・〇倍だった。

「借金返済で、年金暮らしのおばあちゃんと子どもの生活は困窮しているので、以前なら、就学援助の必要性を認める、と学校長名で文書を出せば、申請は通っていた」

財政難を理由に書類審査の運用が厳しくなり、今では借金の返済を証明できる通帳のコピーなどの提出が必要だと石山は言う。

「父親が日雇いや派遣の仕事で所得が不安定な場合や、所得はあっても多額の借金を返済している場合は、書類は簡単にそろえられない」

この年四月、萌も由美と同じ中学に入学した。祖母には、二人分の学費や弁当代の負担がのしかかった。

就学援助が認められると、受給額は二人で萌の入学準備補助金を含めて年十万円超になる。

「就学援助がなければ子どもを育てられない状況だった。生活が苦しく、子どもたちは風呂に週一回しか行けない、と打ち明けていた」と石山。

だが就学援助の問題が片付かないうちに、祖母と姉妹の生活は破綻《はたん》してしまう。

母親と会うたびにごちそう

就学援助の相談に、由美の祖母が学校を訪ねた二日後のことだ。

「今、嫁と孫たちが荷物を取りに戻ってきた。先生、すぐ来て」

山口は放課後、祖母からの電話を受けた。前夜、生活態度を注意した祖母に子どもが物を投げつけ、大げんかになった。

「なんてことするんだ。二人とも出てけ。これだけ生活を切りつめて育ててやっているのに、もう知らん」

祖母の言葉に家を飛び出した由美と萌は、朝になっても帰ってこなかった。学校も欠席した。電話に山口は萌の担任と自転車で由美の家に急いだ。

「あんたはだらしがない」

「私はちゃんとやりましたよ」

居間では祖母と由美の母親の千絵が言い争っていた。

由美の両親は今の中学の校区とはまったく別の地域で、共働きでマイホームを買い、そこで姉妹が小学校低学年になるまで子育てをした。

だが父親の借金や、千絵が物を片付けられず、家事をうまくこなせないことから、次第に夫婦関係が悪化。そのうち、父親は家を出て祖母のところで一緒に暮らし始めた。

千絵は夜、ほとんど家に帰らないようになり、残された子どもたちの食事も、ご飯かお金がたまに置いてあるだけで、ネグレクトの状態になった。

ネグレクトは児童虐待の一つで、子どもに食事を与えない、入浴させないなど世話をしない、学校に行かせない、病気やけがを医師に見せない、薬をのませないなどの行為がある。二〇〇八年度に全国の児童相談所が対応したネグレクトの件数は約一万五千九百件にもなる。

事情を知った児童相談所が由美と萌を一時保護。その後、姉妹は同じ児童養護施設で約二年間を過ごした。

「おばあちゃんが養護施設から引き取ったのは、由美が小学五年の終わりごろだった」と山口。

千絵は祖母に由美と萌が引き取られると、由美に祖母には内緒で携帯電話を持たせ、時々外で娘たちに会っていた。

「インド料理のレストランとか、お母さんはいろいろなところに連れて行ってくれると、由美は言っていました」

居間では、千絵が離婚届まで持ち出し、祖母との言い争いは続いていた。

「最終的にどちらが引き取り、どこを住まいにして子育てするのか、担任だからその結論がどうなるかが心配でした」

由美と萌の結論は、家出して千絵に連絡を取った時点で決まっていた。生活が苦しく、しつけにうるさい祖母との暮らしより、会うたびにごちそうしてくれる千絵との生活を選ぶのは当然だった。

「でも由美は、お母さんとは外で会うだけ。どこに住み、どんな生活をしていたのか分かっていなかった」

山口は言う。

この中学校では新学年が始まると、生徒指導担当の石山と各担任教員が、生徒一人一人の指導案を話し合う「学級ミーティング」がある。

山口は由美については、弁当代未納のほかは前任者からの引き継ぎもなく、学校での問題行動も見られなかったので、学級ミーティングでは特に話し合うべき報告事項もなかった。それだけに目の前で繰り広げられた事態の急展開に驚いた。

結局、千絵が由美と萌を引き取ることになった。

山口は祖母の家を出る由美の制服やかばんなどを、千絵の軽自動車に積むのを手伝った。由美を見送りながら母子の行き場はあるものとばかり思っていた。

だがその後、三人が車で現れたのは予期せぬ場所だった。

施設飛び出し車で寝泊まり

大阪市内の区役所会議室。石山の要請で、由美の一家への支援を話し合う教育ケース会議が開かれた。

「中学生の女子二人と母親が車で生活している。緊急保護の必要がある」

区の福祉担当、児童相談所の職員、地区センターの生活相談員などが招集された。

その四日前、母子三人はけんか別れした祖母の家を軽自動車で出た。

千絵は「娘たちを引き取る」と言ったが、定職もなく警備員や宅配便などの仕事を転々とする生活。知人のところに身を寄せ、子どもたちと住む家もなかった。

「どこに行けばいいのか」

行き場がなく困った千絵は警察に保護を求めた。緊急の一時保護で母子生活支援施設に入所できたがその夜、黙って親子で姿を消してしまう。

母子生活支援施設は、児童福祉法に基づく施設だ。十八歳未満の子を持つ母子家庭などの入所を受け入れ、安定した生活を支え、自立を支援する。全国母子生活支援施設協議会によると、入所の理由はドメスティックバイオレンス（ＤＶ）が約半数を占める。

「緊急避難で、しかも母子生活支援施設は校区外にあるので、子どもが入所中はうちの中学に通学できないのが分かり『それなら嫌だ』となった」と石山。

母子は車で寝るしかなかった。狭い車内は床にペットボトルやサンダルが散乱、祖母の家から持ち出した荷物で埋まっていた。三人は何とかスペースを作って寝た。

「車で寝ているんじゃや、緊急避難で支援施設に行くしかないだろう」

車上生活の事実を知った石山は千絵と連絡を取り、教育ケース会議の朝、学校の相談室に呼んだ。

千絵は「仕方ない」と石山の話に応じたが、由美と萌は「施設からは今の学校に通えない」とまた拒否した。

「じゃ、うちの中学に通えるなら入所するのか」

石山の言葉に「それならいい」とようやく納得した。

石山は祖母に会い、もう一度子どもたちを育てる気はないか確認した。

「かわいい孫だけど、もう面倒はみない。余裕もない」

祖母は断った。

その日午後の教育ケース会議。石山がこれまでの経緯を説明、母子支援の方針を提案した。

「施設にいる間に生活保護を認めてもらい、住居の確保や、ネグレクトのあった母子関係の再生など、生活環境の調整を始める」

石山の方針が確認されると行政もすぐ動いた。

「児童相談所が当たって母子生活支援施設の入所枠は取れたが、子どもたちがうちの学校に通えない問題は残った」

ケース会議で石山は、中学の教員が責任を持って由美と萌の学校の送り迎えをするとの腹案を出していた。

「中学に通いたいというような条件を付けるなら、緊急性がないから入所条件にそぐわないのでは、と言われる可能性もあった。でも親子の置かれている事情を細かくケース会議に報告して話し合っているから、子どものわがままかもしれないが、車上生活から救うには、子どもたちの通学問題が実は鍵《かぎ》なんだ、ということが、行政の担当者にも理解してもらえる。理解されなければ、家族は放浪を続けることになる。ケース会議の存在意義は大きい。行政、地域、施設の担当者を交えて話し合い、特例としてその条件で入所を認めてもらった」

石山自身が車で登下校させることで、由美と萌は再び学校に戻ることができた。

虐待、非行、就学困難……

石山は、母子生活支援施設に入所した由美と萌の事例を月一回開かれる地域の教育ケア会議に報告した。

ケア会議は中学の校区に二〇〇三年に発足した。

「月一回の会議には、保育所や小中学校から、虐待、非行、就学困難など、対応が必要な子どもがまとめて報告される。事例ごとに具体的にどんな支援が必要か、それぞれの立場からメンバーが意見を出し、実際の取り組みの方針を検証する」

少人数で個別に対応する教育ケース会議に対し、ケア会議は学校、行政の担当者、地域の民生委員、児童委員、保護司ら子どもに関わりのある約二十人がメンバーで複数の事例を検討する。いわばケース会議の親委員会的な存在だ。

「教育現場は情報も含めて閉鎖的になる。ケア会議で学校がセンター的な機能を担《にな》い、地域と結んで広くネットワークを張って社会資源や人材を活用していけば、相互に情報の共有もできるし、支援をしてもらうこともできる。いろんなタイプの子どもに対応していこうと思えば、学校だけでは駄目で他の機関や職種の人たちとつながらないとできない」

石山が言う。

子どもの教育的な課題は学校で指導できても、重要なつながりを持つ家庭の経済的、福祉的な課題まで学校は解決できない。

「生活保護の使い方やいつまで必要か、親の就労支援はどうするのか。家庭の状態を見ながら問題解決の最終的な見通しを立てるには、ケア会議が機能を発揮する」

ケア会議の支援対象の子どもは、「リスト」に登録される。登録後は、問題行動が見られず子どもの家庭も状況が落ち着いていれば「見守り」と呼ばれ、特にケア会議への経過報告は求められない。

由美の場合がそうだった。

「虐待で児童養護施設にいたので、小学校の時、ケア会議に登録された。引き取ったおばあちゃんの養育に問題はなく見守りのケースだったが、生活に行き詰まり、子どもたちが家出したことで問題が一気に表出して、報告の対象になった」と石山。

ケア会議への毎月の報告事例は、中学の場合で約二十件、リスト登録者の約二割だ。いきなり問題が表面化した場合は、ケア会議を待たずに少人数で機動性のある教育ケース会議が招集される。

「個々のケースの状況で職員が共有しなきゃいけない情報は、僕が職員会議で話します。職員とは毎日顔を合わせるので、そこでいろいろ情報交換をする。引っかかるところがあれば、それじゃ家庭訪問しようとなる。うちは何かあれば家庭訪問を常とする考え方を持っているから、そこでまた情報を得られる。だから学校の情報量は圧倒的に多い。ケア会議と結びついていれば、問題が起きかけたらすぐにケース会議を緊急招集して、次の対応に移れる」

由美についても石山の要請で、必要なメンバーが速やかに招集され、対応が取られた。

「ケア会議とケース会議の存在は、子どもを受け止める地域のセーフティーネットの両輪になっている」

部屋の片付けできぬ母親

由美が祖母の家を出て一カ月後の七月、生活保護を受けての母子三人の生活が再出発した。

「住居を確保し、生活を再建するのが急務だった」

地区センターの生活相談員の吉本真里が言う。

生活保護の申請手続きは吉本が手伝い、母子生活支援施設にいる間に決まった。

新たに三人が生活するアパートを吉本や生徒指導担当の石山も手伝って探し、使っていない家電器具や家具などを譲り受けて用意した。

「おばあちゃんの家は風呂がなかったから、あればいいな。お母さんも大変だから、週二日は二人が交代で料理を作ってね。子どもとそんな話をした」

千絵は新生活を思い描いた。

再出発時にも教育ケース会議が持たれた。保健師と福祉事務所のケースワーカーも参加した。ネグレクトがあった母子関係の再構築が必要だったからだ。

千絵には病院の精神科受診と健康診断も受けてもらうことが決まった。

夏休み明け、千絵と生活を始めて約二カ月がすぎたころだ。

「台所が汚い。食器が積もり積もって、どこに何があるか分からない」

由美が、学校でしきりに家の台所のことを口にするようになった。

「そのうち『お母さんが気持ち悪い』と泣くこともあって、これは放っておけないなと思った」

担任の山口は由美の様子を生徒指導担当の石山に連絡した。

山口は地域や行政との窓口役の石山とは、由美の生活について、こまめに情報交換をしていた。

学校では、教育ケア会議やケース会議などを通して得られた地域や行政からの情報は、石山から必要に応じて担任に伝えられる。一方、学校生活での子どもたちの変化は、石山に集約されケース会議などで共有された。

山口は十月、石山と由美の家に掃除に出掛けた。

「石山先生に『台所がひどいそうですよ』と話したら『台所だけではない。半端《はんぱ》じゃないよ』と言うんです」

玄関を入ると左手に台所があった。山口は一目見て、由美の言っていた意味が理解できた。

台所は食器やフォークで埋まっていて何も見えなかった。

「使ったらそのまま積んでおくので、すごい状態だった」

山口は台所を受け持った。食器を洗ったが、置く場所がないので、プラスチックのバケツに入れていった。

「百円ショップで買ってきたスプーンとかもたくさんあって、洗っても、洗ってもシンクの底が見えてこない」

山口は約二時間半、食器を洗ってはバケツに移していった。バケツ三個分にもなった。

「食器類を捨てずに買い足すだけでなく、鳥もいないのに鳥かごとか、大型ごみの棚を拾ってきたりする。物は増えるばかり。以前にネグレクトがあったころもごみ屋敷になっていた、とおばあさんから聞いてはいましたけど」

居間の掃除はポリ袋に不要な物を捨てたが、千絵に聞くと「置いておいて」と言われ片付かないので、自分の判断でポンポン投げ入れていった。

「最後に掃除機をかけて床をふき、半日がかりで見違えるようにきれいにして帰ってきた」

石山から二度目の掃除の声が掛かったのはクリスマスイブの前だ。

「いい気持ちで正月を迎えれば、お母さんの気持ちも変わるかもしれない。行ってみよう」

イブの当日、学校でリヤカーにポリ袋を積んで家に向かった。

「もう、びっくりですよ」と山口。わずか二カ月前にきれいに掃除したのに、あっという間に元の木阿弥《もくあみ》だった。

「洗い物をして、掃除機かけて、床をふいて、ごみの入ったポリ袋を五、六袋捨てましたよ」

山口は振り返った。

「お母さんは自分で何もしないのに、私たちには片付けをしろと、押しつける」

子どもたちは不満を漏らした。だが母子間の亀裂《きれつ》は、部屋の片付けの問題だけでは済まなかった。

娘の口にティッシュ詰め込む

「小さな部屋を片付けられないということだけで、家庭の中に負の連鎖が起きるなんて」

生活相談員の吉本は、千絵の担当だった。

教育ケース会議の事務局も兼ね、生徒指導担当の石山と緊密に連携を取り合う。

「家の中があんなにひっくり返ると、どこから片付けていいのか私も分からない」

由美の家は年末に二度目の大掃除をしたが、年が明けると中の様子はまた元に戻っていった。

「家が片付かないのは自分でも予想できていた。ここまでになるとは思わなかったけど」

千絵が話した。片付けができないことは本人も自覚していた。

「お母さんと話してみると、一人で生活したいと、子どもと一緒にやっていく自信はないという揺れがあったりする。自分が片付けができないのに、本当は子どもにいろいろ偉そうなことを言える立場ではないとか、お母さんは心の中で葛藤《かっとう》していた。でも誰にも本音を話せなくて、すごくつらかったと思う」

吉本が言う。

由美や萌は、千絵から生活態度を注意されると「自分がやるべきことをやってから言って」と納得できない。

「お母さんも子どもの気持ちは分かっているが、親として言わなければいけない、という思いが先に立ってしまう」

吉本は普段の母子は仲がいいと話す。

千絵も「娘はかわいくて愛くるしい」と言う。

「でも子どもの反発に遭うと、お母さんも力で押さえようとする」と吉本。

その負の連鎖の中、周囲に理解されず孤立した千絵は、どうにもならぬ子育てのつらさを、時に子どもに激しくぶつけた。

「先生、助けて」

萌から中学に電話があったのは学年末の三月だ。

「お母さんと子どもたちが大げんかになって。それまでも近所から苦情が出ていたので、お母さんが子どもの口にティッシュを詰め込んで、黙らせようとしたと話すんです」

由美の担任の山口が言う。

由美が遅刻する時は必ず千絵と何かもめごとがあった。山口は時間を見つけては由美から話を聞いた。

「お母さんは、子どもが片付けをしないと言っては、電子ジャーの中のご飯を投げつけたりとか、怒ってヘアアイロンのコードを引きちぎったりとかもあった、と言ってました」

この中学では、担任が生徒の生活状況を把握するための方法の一つに、個人ノートの活用があった。

「生徒が自分の伝えたいことを書いて、担任とやり取りするんです。毎日書いてくる子もいますが、由美は書かない。文章力はあるのに、自分のことをノートに書いて先生に相談するのがすごく恥ずかしくて嫌だと言って、私とのコミュニケーションは会話。クラスではお母さんが気持ち悪いとか、こんなこと言ったとか友達に話しているのに」

吉本は千絵に精神科を受診するよう何度も声掛けしていた。受診は再出発時の前年夏のケース会議で申し合わせていた。

「医師との面接は三回すっぽかされた。しかも、たいしたことじゃないような返事がくる。お母さんの病気がこういうことをさせるので、そこを根気強く、またやりましょうという形で支援していた」

千絵はこの時期、ようやく本気で受診を考え始めた。

「子どもたちとの関係に自分でも怖くなったのか、何かしないといけないという思いになったのか。やっとその気になってくれた」と吉本。

母親との生活もう限界

千絵がティッシュを娘たちの口に詰め込んだ一件の後、教育ケース会議が開かれた。テーマは由美と萌の処遇だ。

「家の中はぐちゃぐちゃになっているし、お母さんの子どもたちへの虐待のようなことも起きていたので、どうするんだという話になった」

石山が言う。

千絵は子どもたちだけを残して夜、家を空けることもあった。再びネグレクトが起きぬよう、児童施設への入所も論議された。

「子どもたちに気持ちを聞くと、お母さんとの生活を求めた。それと小学校時代に養護施設の集団生活になじめなかったことで、施設入所への拒否感が強かった。子どもたちにしてみれば、施設に戻るのだったら母親と一緒の生活がいい。自分の友達や自分の自由な時間の方が大事だとなる」

会議での結論は「子どもたちの避難場所を確保しておき様子を見守る」だった。

「夢を持ったり、親に甘えたりするのが子どもでしょ。この子たちはしんどい生活の中で、ずっと自分たちの気持ちを出さずに我慢してきた。それでは自尊感情は持てないし、社会で自立していく力が身に付かない」

ネグレクトの可能性はあっても、子どもたちの意向を優先したのは「自尊感情を大切にしたかったから」と石山は言う。

「会議で施設入所の選択肢はありましたが、学校と地域が子どもたちの気持ちに応《こた》えた形でした。お母さんの養育能力も含めて、子どもの思いに応えるように見守っていこうというのが根本にあるので、子どもの意向に最大限沿うように、みんながそれぞれちょっとずつしんどい思いをする。地域も重い荷物を少し横から持って支えていく感じですよね」

生活相談員の吉本は話す。

この日、会議では千絵の支援方針も話し合われた。
「精神科で診断してもらい、障害者手帳を取得して、家の片付けにヘルパー派遣を頼むことになった」と吉本。千絵は吉本が付き添って精神科を受診した。しばらくして診断結果が出た。「発達障害とうつ病」だった。

生まれつきの脳機能の問題が原因とされる発達障害は、言葉の遅れや対人関係に難しさがある自閉症、読み書きなど特定分野が苦手な学習障害（ＬＤ）、注意力に欠けて動き回りがちな注意欠陥多動性障害（ＡＤＨＤ）などの総称だ。

文部科学省は小中学生の六・三％が該当する可能性があるとしている（二〇〇二年度調査）。大人になっても症状が続き「片付けられない」といった特徴がある人もいる。

由美は中学三年生、萌は二年生に進級したが、その後も、千絵との間で何度か問題が起きた。

五月にあった教育ケース会議では、見守りの支援を手厚くした。
「平日は私が朝七時半、吉本さんが夜八時に子どもたちの様子を見に家庭訪問を続けた」と石山。
「母子の関係がこの状態でいけるだろうとか、どうにか引き延ばしていこうとか、そんなことは思っていない。手遅れになってもいけないし、難しいところですよ。地域にある児童施設に、いつでも入所できるように了解はもらっていた。ただあの時期に無理に子どもたちを入れても、逃げ出してしまうと思った。入所させるにしても、子どもたちが納得できるプロセスをつくってあげないと。次に母親との間で何か問題があったら預かってもらうよ、ということで、子どもが心の整理をつけられるまでは、今のやり方でいこうという判断だった」

だが、精神的に不安定な千絵は、運悪く新たに婦人科の病気が見つかり、自傷行為も始まった。

由美には半年後、高校受験が控えている。石山にも母子一緒の生活はもう限界だと思われた。

「あと半年無理させて、お母さんの体が悪くなる、由美の状況も悪くなっていって入試の勉強もうまくいかなくなるなら、母も子も無理して生活に疲れ切るより、お母さんは入院で体を治す。由美は安定した環境で勉強させ入試を乗り切る」

七月の緊急ケース会議の判断だ。由美と萌を通学可能な児童施設に一時預ける方針が確認された。

二人は千絵との生活は続けたかったが、今度は入所を拒まなかった。

石山が言う。

「由美が高校に合格し、体調を回復したお母さんとまた暮らせるよう、学校と地域で支え続けていくつもりだ」

学校から納入督促の手紙

中学校の生徒指導室。二〇一〇年四月、ソファに座った卒業生の美希（一八）は、目の下に隈《くま》ができ、疲労感に包まれていた。

「今のままでは自分が壊れてしまう。子どもたちも育てられない」

石山に不安を訴えた。

石山の教え子だった妹が姉の美希を相談に連れてきた。

美希は中学三年生で「絶対おろしたくなかった」と遼一（一三）を出産。今は遼一が母校の二年生、弟の和也（一二）が一年生にいる。

美希のような十代での出産は、厚生労働省の調査によると、総出生数のうち一九八〇年は〇・九％と一％を切っていたが、九〇年代に上昇、ピークの二〇〇二年には一・九％に上った。その後はやや減少し〇九年は一・四％だ。

「ご飯を食べるお金を私のおばあちゃんに借りたり、お米をもらいに行ったりしないと食べられない状態なんです」

　美希は体を壊して仕事にも行けず、二人の子どもを抱え収入はほとんどなかった。

　体調が急激に悪くなったのは石山を訪ねる三年ほど前から。

「電柱と電柱の間を歩いただけで、心臓がおどって呼吸が苦しくなり座り込んでしまう。自分が倒れたら子どもの生活がみられないので、病院に行ってみたんです」

　検査結果は不整脈。医者に「手術は必要ないが、精神的な不安とか、いろいろな負担が心臓に影響している」と言われた。

「何も考えないようにして普通に生活しよう」

　美希は仕事を続けたが体調は悪くなるばかり。

「仕事中に発作が起きると、体が動かなくなって足まで震えてくる。落ち着くまで何もできない。続けて仕事に行けないので、首になることが多かった」

　収入は不安定で国民健康保険料の支払いも滞りがちだった。

「役所からだいぶたまってますよ、と電話がかかってくるんで、払える時に少しずつ払ってたけど、お金も時間もないし、通院できませんでした」

　周りからは「生活保護を受けたら」と勧められたこともあった。

「当時は生活保護には絶対頼らない、とりあえず自分の力で頑張ってみようと思った。

おばあちゃんや親もいて何とかなるだろうと」

だが、美希の思いとは逆に生活は困窮する一方だった。仕事はその日の体調次第なので、給料が日払いの仕事を探した。

「昼の仕事はないから、夜、スナックとかになる。お酒も飲まないといけないし、体調は悪くなるばかり。余計に仕事に行けなくなるという悪循環になってしまった」

遼一は三月まで約一年間、別の中学にいた。

就学援助は受けたが、金は家計に回り、学費の納付は後回しになった。

「学校からは納付するよう何回も手紙が来てた。そこそこ払いました」

結局、生活が成り立たずに母子三人は実家に戻った。

「もう周りを頼るわけにいかず、どうしていいか分からなくなって」

小学生で生意気な顔してたばこ

中学三年生で遼一を産んだ美希は、卒業の前から仕事をしていた。

「子どもの世話は親に助けてもらっていた。親も楽じゃないし、ミルク代や紙おむつ代、食費の一部をどうにかしてもらえないか、と言われました」

十八歳になるまでは年齢はごまかして働いた。

「これまでいろいろな仕事をした。化粧品店とか洋装店。昼間は給料が安いし月払いだから、夜に日払いの仕事に行ったりしました」

ダブルワークまでして生活費を稼ぐのに追われる美希に、ゆとりを持って遼一や弟の和也と向き合う時間はとても持てなかった。

「仕事が終わって帰ると疲れて寝てしまったりとか、ご飯の時間が子どもとずれたりすると、親からも『子どもをみなさすぎ。母親失格』と言われて」

仕事で体がきついからと言っても、分かってもらえなかった。

「仕事も子育ても両方うまくいかず、いら立ちが爆発して、家を飛び出したこともあった。勢いで産んだけど、子どもがどうなるかや、自分がどう育てていくかは考えていなかった」

不整脈による体調不良も重なり、美希は子どもたちが思春期に入るころには、ますます子育てのゆとりがなくなった。

子どもたちには早くから問題行動が現れた。

「小学校時代に、万引きや喫煙、深夜徘徊《はいかい》とかがあって、そのたびに学校が指導を積み重ねてきたが、なかなか改善がみられないケースだった。親にも働きかけたが乗ってこない、連絡も簡単に取れない。地域の教育ケア会議でも、どう対応するか長く報告の対象になっていた」

石山が言う。

遼一と和也は小学生のときから知っていた。

「金髪でピアスをして、地域で生意気な顔をしてたばこを吸ってた」

サッカー部の顧問もしていた石山は、会うたびに「中学に入ったらサッカーやらせるぞ」と声を掛けた。

遼一は一年間いた前の中学では、ほとんど登校していなかった。

「朝、行ってきます、と出たまま、友達とたまり場で遊んでた。学校から『一週間来てません』と連絡があって捜し回ったり、夜も帰って来ず家出みたいなこともあった」

美希が言う。

和也も小学校を欠席しがちで問題が多かった。

「和也も遼一と一緒にちょろちょろして、私がいつも怒ってた。家ではずっと子どもとけんか状態でした」

だが今の中学でサッカー部に入ると、二人の荒れた生活は一変した。

サッカー頑張り高校に

美希が朝、目を覚ますと、遼一と弟の和也がもう台所にいた。

「学校のお弁当に電子ジャーのご飯でおにぎりを作っていた。子どもはこんなに変わるのかと目が潤《うる》んじゃった」

前の中学で不登校だった遼一と、小学校を休みがちだった和也は四月、同時にサッカー部に入った。

「この三カ月、遅刻や欠席はほとんどない。おばあちゃんも『生まれ変わったようだ』と言ってた」

石山が言う。

「何かやりたいエネルギーは持ってた。そこにサッカーがあった。サッカー部は二人と同じで生活上の課題を抱えた子が多い。それがみんな頑張ってる。仲間とつながり、サッカーという目標を共有しやすい環境だった」

だが美希には、二人分のサッカー用具をそろえるのは難しかった。

「美希に『兄貴のユニホームとか用具は買ってやれ。弟は学校でそろえるから』と言った。うちは卒業生に使わない物は置いていくよう手紙を出して、リサイクルで回している」

遼一は「サッカーを頑張って、スポーツ推薦で高校に行きたい」と意欲が出てきた。

「子どもたちを見て、私も体を治して、きちっとした仕事に就きたいと思った」

美希の話を聞いて石山は四月下旬、教育ケース会議の招集を要請した。

「大事なのは、遼一と和也がこの中学に入って、サッカーで頑張り始めていることだ」

生活が行き詰まれば再び崩れかねない。石山は急ぎ生活を安定させる必要があると判断した。

「卒業生の美希親子の自立を支援するためケース会議に上げた」

どんな支援が必要かは、美希や子どもの話を聞きながら当事者のニーズに合った形で方針を考えていく。

「子どもたちに将来的にどんな影響があるのか、母親の人生にとってはどうなのか。どこに展望を見いだして生活保護を利用していこうかとなる。そこから見えてくるものが支援の方針となってくる」

石山は、生活立て直しの鍵を美希の健康回復とみていた。

「まず生活保護を受ける。医療扶助を活用し、治療して体をしっかり治す。そして就労支援につないで自立させる」

医療扶助は生活保護にある扶助の一つ。受給者の診察、薬剤、手術や入院など治療にかかる医療費が全額公費で負担される。受給者は福祉事務所に医療券の発行を申請、受診時に指定医療機関に提出する。

石山の要請から二日後、教育ケース会議が開かれた。

「事例によっては、生活保護を使うべきでないという結論もある。実際、生活保護より就労を優先させたこともある。生活保護のような公的な制度を活用する場合は、客観性を持たせるためにもケース会議を招集して、自分の方針をみんなに聞いてもらい、確認や修正をする。独り善がりにならず、判断もチームですべきだ。チームでの対処になるので、個人や学校として動くより、生活保護の申請手続きもきめの細かな安定したものになる」

美希の場合は、石山の方針が確認され、二カ月後に生活保護が認められた。石山は子どもたちにも説明した。

「生活保護で、お母さんは治療に専念できるし、生活は安定する。学校もしっかりやろう」

美希は最近、和也からこんな言葉を聞いた。

「サッカー選手になったらママに家を買ってやる、ご飯を食べさせてやる。ママは苦しい時でも面倒をみてくれた」

私立高校に行かせる余裕なく

二〇〇九年末、中学の生徒指導担当の石山宏に、卒業生の裕太（一九）の母親の君枝から封書が届いた。

「うれしいことの報告です」

その年春、高校を卒業、食品関連企業に就職した裕太の給与明細のコピーが入っていた。

「残業代もあるが額面で月約三十万円。こんな先輩もいると、授業で教材に使わせてもらった」

裕太の一家は父親のＤＶに耐えきれず他県から逃げてきた。裕太が小学六年生の時だ。

「私に対しての暴力だけじゃなくて、子どもへの虐待《ぎゃくたい》が始まったんです。子どもが泣きながら、あの人が出ていかないなら俺たちが出ていこう、と訴えてきて。何とかしないといけないないと思い、恥ずかしいけれど役所で全部話をして、こんな状態なので逃げたいんです、とお願いしました。一生帰らないというつもりで行ってください、と約束させられ、何の縁もなかった大阪に逃げてきました」

君枝の話だ。

大阪市内の母子生活支援施設で暮らした後、一家はこの中学の校区内に引っ越した。

「裕太は中学に入学した時は不登校だったが、野球が好きで野球部に入ると、自然と居場所ができて、普通に登校するようになった」と石山。

裕太はまじめで一生懸命に取り組む性格だったので、学校生活では特に問題はなかった。だが家では別の顔を見せた。

「外での緊張のストレスを家の中で爆発させた。一番の原因がお母さんのたばこだった」

君枝は何度もやめると裕太に約束したが、唯一《ゆいいつ》の息抜きで守れずにいた。

君枝によると、裕太は小学校時代、服についたたばこの臭《にお》いから「吸った」と教師に疑われ、否定すると「警察に連れて行く」と脅され、強引に認めさせられた嫌な思い出があった。

「小学校もそこから不登校になった。だからたばこの話になると、私にやめろと怒りいつもけんかになった。物に当たって、壁に穴を開けたり、パソコンを壊したり、電話機も手でつぶされました」

裕太の家庭内暴力は高校受験のころから、さらに激しくなる。高校は私立の野球の強豪校に進みたかった。

君枝はヘルパーのパートだけでは食べていけず、生活保護も受けていた。

「パート代と合わせて月十八万円ぐらいでした」

裕太を私立に行かせる余裕はとてもなかった。

「公立なら面倒みられるけど、私立はお金が全然違う。妹もいたし」

裕太は奨学金を受けて公立高校に進学した。中学では保護者のために年に三回独自に奨学金の説明会を開いていた。大阪府や市の公的な奨学金がなければ、高校進学が難しい家庭は七割以上もあった。

「奨学金を借りるのも親にかんでもらわないと、子どもの進路の安定は望めない。字が書けない親には私たちが書類を書くが、親と子が共同作業で進路を切り開いていくところに学校が仲介していくスタイルをとっている」

石山が言う。

高校に入学した後も、裕太は野球を続けていくつもりでいたが、入部するタイミングを逃してしまった。

「野球には眼鏡よりコンタクトレンズが便利だからと使い方を練習しているうち、入りそびれてしまった」と裕太。

野球の練習がないので帰宅は早くなった。

「野球をやっていれば練習で疲れ、お母さんに当たる気力もなくなるのに、野球がないとお母さんと顔を合わせているのが五、六時間と長い。それもあって腹が立つことが多くなった」

君枝のたばこ、野球のできないいら立ちに裕太の暴力はエスカレート。君枝の電話で石山は何度も自宅に駆けつけた。

「裕太が暴れてお母さんと妹が家を出たこともあった。裕太を施設に入れたらという話も出た。お母さんがもう駄目だ、耐えられないと。でも高校生活が継続されていくことで彼が成長する。終わらせたら成長は止まる。だからどうにか継続させていくことが大事だということで、お母さんをつなぎとめたところもあった。高校生の年ごろの子どもを施設に入れるのは、非常に難しい話になりますからね」

石山が言う。

親にちょっと貢献したい

裕太が高校一年の九月、中学の生徒指導室に石山を訪ねてきた。

「やっぱり野球がしたい。高校の監督に入部を頼んでもらえないですか」

この中学には「追指導」と呼ぶ取り組みがある。

「高校卒業時点までの子どもたちの姿を追う。中退する生徒がいれば、別の高校に入れたり、就職につなげたりして、社会で自立できるまで支援していく」

石山は裕太がコンタクトレンズのことだけで、野球部に入りそびれたとは思えず、相談を受けて早速動いた。

「校長間で連絡をとってもらい、直接、野球部の監督の先生に会って裕太の事情を話した」

石山は裕太のことでなぜ中学の生活指導担当が関わるのか、追指導についても高校側に説明した。

「本人の就学以前の状況も高校に話をしました。高校の先生もしっかり見ていきましょうということで、協力を約束してくれて、高校のカウンセラーも含めて何度か話をする機会を持った。中学と連携して、課題を抱えた子どもを卒業まで指導していくのは、高校にもプラス。話を聞いて裕太の入部を快く受け入れてくれた」

約二週間後、裕太は再び野球のグラブを手にグラウンドに立った。

「タイミングを外すと監督に直接話すのはきついし、どうしていいか分からず、相談できるのは石山先生しかいなかった」

裕太は言う。

野球部の話は解決したが、裕太の家庭内暴力が解決したわけではないので、石山は卒業まで月一回の面談を約束させた。

「お母さんのたばこのことは、先生に会って不満をはき出すと、その時はすっきりするがまた腹が立つ」

裕太はたばこの臭いが嫌だっただけでなく、君枝の健康も気遣っていた。それだけに君枝の喫煙へのこだわりは強かった。

それでも「面談を続けていたから、お母さんとの関係を何とかやっていけた」と裕太。

野球に打ち込み、疲れ果てて帰る生活が始まったことも大きかった。

「家にいる時間が減って日曜も練習試合で留守が多く、目に見えて落ち着いてきたのが分かりました」

君枝の話だ。

裕太は野球の練習に励んだが、友達との生活環境の違いが身にしみた。

「生活が苦しくて、母子家庭なので家には金がないのは分かっていた。友達と比べて、なぜこんなに金がないいんだろうと嫌だった。欲しいスパイクがあっても安物しか買えない。グラブをオーダーにしたくても無理。欲しいものが手に入らなくて、何でも我慢するしかなかった」

野球や学校が面白くなく、裕太は中退しようと考えたこともあった。

「何回もありましたよ。でも口で言っても行動に移すことは重大じゃないですか。中退すればどうなるのかだいたい想像がつく。履歴書にも中退とつくと、就職では不利になってくる。たとえば全国で一番下の学校でも卒業とつくだけで違うと思う」

裕太は面談でそんな思いもぶつけた。

「先生がいなければ、下手すると学校をやめていたかもしれない。それこそ、犯罪をしても不思議ではないくらい不安定な時期が、中学でも高校時代もあった」

練習は最後まで残り、自主トレーニングをして人一倍頑張ったが、結局、補欠選手で終わった。

就職活動は体を使う仕事がいい、と考えて、食品の流通関連企業を受けた。リーマンショック後の就職難だったが「高校は皆勤。野球を補欠でも続けた忍耐力が評価された」と君枝。

「お母さんも本人も専門学校とか大学に行くと言っていた時期もありましたけど、高校の先生と話をする中で、早く家から出して自立させる方がこのケースはいいだろうと。本人が相談に来た時も頑張って働いて自立してみたらどうだ、と話して、高校と方向付けを調整しながら、そんな中で踏み出して行った」

石山が言う。

裕太は今、会社の寮生活だ。専門学校生の妹のために月約五万円を渡す。

「親に迷惑掛けたんで、ちょっと貢献したいな、というのがある」

裕太は、自立の道を歩み始めている。

マイナスからの出発

「拝啓　この手紙読んでいるあなたは　どこで何をしているのだろう」

合唱コンクールで歌手のアンジェラ・アキさんの「手紙～拝啓　十五の君へ～」を歌う中学生の映像が流れた。

二〇一〇年二月下旬、中学三年生の教室。歌に涙をにじませる女子生徒もいた。

映像が終わると、生徒一人一人に三枚の往復はがきが配られた。裕太も書いた「自分にあてた三通の手紙」だ。

「一年後、三年後、五年後の自分に応援のメッセージを書いて出すように」。担任の声が響く。それぞれ高校入学、卒業、成人となる年だ。

「昨年までは高校一年目、二年目、三年目の自分に宛《あ》てたエールを書いた手紙を残して卒業していった。毎年二月にその往復はがきを卒業生に送る。戻ってこない子どもはどうしているのか調べる。高校一年で中退する生徒が多い。中学三年生で遅刻が三十回以上ある子どもは、高校を卒業できるのが五割を切る。追指導をして、別の高校につなげたり、就職につなげたり自立への道を歩ませている。自立して納税者となっていくことで貧困の連鎖を断ち切っていくことが大事ですから。追指導の鍵《かぎ》は生徒が人間関係をつくって卒業していくこと。あんな先生と二度と会いたくない、連絡もいらないという意識で卒業したら、いくらこちらでアプローチしても子どもとつながらない」

石山が言う。

三年生になった由美を山口香苗は引き続き担任した。

「由美がきちんと高校に入学できたら、自立に向けた次の一歩を踏み出せる。そこを私がどこまで支えていけるか」

由美と妹の萌は安定した環境で生活できるよう児童施設に移る。

「由美に言っているのは三年間頑張って、高校を卒業し自分で仕事を見つけろと。そうしないと貧困から脱出できない。本人もそれは分かっているけど、安定した愛がないと子どもはしんどい時、踏ん張れないんです。虐待されている子とか、不安定な家に育っている子は、ここ一番という時にヒューッと力が抜けていって、すねるかだれるか踏ん張れない。それは子どもたちのせいじゃないでしょ。子どもは無力だから」

担任たちは時間があると教室の生徒の机の中を見て回る。

「勉強が苦手な子はファイルやノートの整理が大変不得意なんです。放課後とか授業の空き時間に、机の中でぐちゃぐちゃに放置されたプリントやテストを出して、ノートに張り直したり、ファイルにとじたりきれいに整理する。一カ月ぐらい放置している子どもはクラスに五人ぐらいはいますから」

生徒のファイル整理が担任の仕事なのかという疑問は、山口にもある。

「甘えさせすぎだけど、ぴちっと張ってやると充実感があるようで、自分でやる気になったりする。自分でできるのが一番いいんですけど、私たちがやらなければやりませんから、どんどんたまっていく。待っていたら絶対に良くならない」

家に帰っても家庭学習ができる環境にない子どもは多い。

「普通に落ち着いた環境でしっかり生活できたら、学力が伸びるだろうと思える子も、家庭のごたごたとか、いつもけんかがあったりとか、静かに何かにじっくり取り組むという環境がない。だから低学力なのだと思う。放っておけばマイナスのまま。それをゼロまで戻す。そこに意欲を持たせプラスを積み上げる」

山口によると、学力保障の取り組みでは、学校全体としては夏休みの七月いっぱいは英数国の習熟度別の講座と、勉強会を開いて全員参加を基本にして宿題をやり切る。三年生は秋の文化祭が終わったころから、居残り学習をする。

「塾に行っていなくて学力の遅れている子どもや、授業についていけなくてやる気がない子どもを対象に組んでいきます。勉強すれば点数が取れるという自信をつけてもらうのが大事なので、ここは絶対に覚えろ、と言ったところは必ずテストに出して、点数を取らせたりする。ちょっとでも点数が良ければ次も頑張ろう、と思うので」

こうした積み重ねで以前は格差のあった高校進学率は、大阪市の平均とほぼ同じになった。山口が言う。

「必ずしも学力が上がったから合格率が高まったというのではないと思う。私も前の学校で経験してますけど、中学校で高校進学に関わってない子どもは、学校に来ていない。来ても教室に入らない。先生とは敵対関係。そんな環境では高校を受けないじゃないですか。最後まで一人一人の子どもの進路にきちんと責任を持ち、高校に送り出す学校集団づくりをする中で、生徒を見捨てない、誰も切らないという方針で指導してきた結果、進学率が上がったのだと思う」

貧困を教育課題の中心に据えて取り組んできたこの中学で、石山宏は学校と地域、行政との調整、窓口役として十年以上になる。

「貧困の問題は根が深い。その解決には学校が地域と結んで広くネットワークをつくり、関係機関や地域で子どもと関わる人たちに入ってもらうのが一番の理想だ」

石山自身も、教育ケア会議やケース会議など、子どもを受け止める地域のセーフティーネットづくりに力を注いできた。

「地域で問題のある子どもや家庭を支援していく教育ケア会議で、対象となる子どもの六割が生活保護世帯、一人親家庭も入れると七割になる。虐待ケースでは身体的な虐待にいく前のネグレクトで発見できる比率が高い。ケア会議では、早期発見するだけでなく親の子育てを支援しながら再発を防止する。それをどこまでやるのか。虐待された子どもが結婚して安定した生活ができるまでみていく。虐待の連鎖が繰り返されないよう支援対象のリストから消さないケア会議やケース会議のセーフティーネットは、子どもが落ちてきたら最後そこで支えましょう、という役割。でも、貧困の連鎖を断ち切るにはそれだけでは駄目だ」

石山は、子どもが自分で進むべき方向を選択して、ここで頑張ってみようと一歩を踏み出せる仕組みも、用意しておく必要があると言う。

「子どもには伸びていきたいというエネルギーがある。例えば生活保護世帯の子どもで教師を目指している子がいる。その理由が分かれば、どういう支援の仕方をしたら、その子が実際にキャリアを得て自立していくのかが導き出せる。教育のプログラムには、授業もあればクラブ活動もある、学級活動もある。いろいろなプログラムの中で、子どもをちょっとサポートしてあげることで、落ちこぼれないですむ。サポートする理由として、その子たちの背景、虐待を受けていたとか、生活が厳しい中で頑張っているとか、そういうことを伝えて、周りの人間に知ってもらうことで、子どもをきちんと位置付け支えてやれる。勉強だけでなくいろいろな道があって、子どもたちがそれぞれ自分の進む道を見つけ、自分を高めていくことを支えてやれるのは、学校が一番できる」

地域のセーフティーネットと、子どもの力を伸ばす仕組みがあってはじめて、子どもたちは自分を向上させる自尊感情を持てる、と石山は考えている。

「両方の機能の要《かなめ》となるのが学校。そこを学校が自覚して動けば、子どもの貧困解消の取り組みは、地域に根付いていくはずだ」

【文庫版追記】

大阪市の市立中学の学校給食は、二〇一三年度に全ての中学で家庭弁当と宅配方式による民間業者弁当の選択制になった。業者弁当は就学援助制度が適用され半額が支給される（さらに一四年度から一年生は選択制をやめて業者弁当になった）。一六年度には全学年が業者弁当になる。

識者インタビュー

教育と福祉をつなぐ専門職が絶対必要

野宿者ネットワーク代表　生田武志さん

生田武志さんは、大学生時代の一九八六年から「日雇い労働者の町」といわれる大阪市西成区の釜《かま》ヶ崎《さき》地区に入り、二〇〇一年から「野宿者ネットワーク」での活動を始めた。釜ヶ崎を拠点に週一回の大阪市の繁華街の夜回りや野宿者からの生活相談、生活保護の申請の手伝い、野宿者襲撃事件への対応など、野宿者支援の活動を続けている。一方、子どもたちに襲撃事件の被害者である野宿者への理解を深めてもらおうと、〇一年から、全国の小中高校に出向いて「野宿者問題の授業」に取り組んでいる。野宿者支援の運動や学校の授業を通した体験から、生田さんは子どもの貧困の問題解決には、教育と福祉を軸とした学校と地域のネットワークづくりと、学校が正面から貧困問題に取り組む姿勢を持つことが重要だと提言している。

――野宿の現場に関わってから二十五年以上になりますが、野宿者の現場は大きく変わりましたか。

一九九〇年代の初めにバブル経済の崩壊した後から野宿者が激増しました。日雇い労働者が真っ先に首を切られて野宿になったんです。九〇年代後半は一般化の時期で、全国でいろいろな職種の人が一気に野宿を始めました。二〇〇〇年以降は若者と女性が目立った時期だと思います。最近では「二十歳ですが、派遣切りで今日から野宿なんですけど、なんとかなりませんか」といった相談が増えています。お母さんと五歳の子どもの野宿など、どんどん多様化しています。

――野宿者支援との関わりで、子どもと出会うようになったのはいつごろからですか。

釜ヶ崎ではオイルショックの頃から親子の野宿がありましたが、ぼくが野宿の現場で子どもと関わるようになったのは、この四、五年です。親子で野宿をしている場合は、ドメスティックバイオレンス（ＤＶ）で逃げているお母さんと子どもが多い。最初はホテルに泊まっている。お金がなくなると、二十四時間営業のファミリーレストランで座っていて、そこでもお金がなくなると、野宿になってしまう。もう一つはお父さんが失業して住むところがなくなり、家族もろとも野宿になるケースです。

――子どもの貧困が拡大しているという実感はありますか。

確実に広がっています。二〇〇〇年ごろに考えたのは、それまでの日雇い労働者に代わって、若いフリーターの野宿が増えると思いました。釜ヶ崎の状況が全国化して多くの若者が野宿になるだろうと予想しましたが、それは十年たたないうちに現実になりました。そこから考えたのが、子どもたちのことです。釜ヶ崎の子どもたちの貧困状態は非常に深刻でした。お父さんが日雇いの父子家庭が多かったからです。一人親家庭で親が非正規労働だと、子どもの貧困問題が集中するのは目に見えていました。これが釜ヶ崎だけではなく、今、全国化していると感じています。特に母親がパートなどの非正規雇用で、生活が不安定な母子家庭が急増していますから、釜ヶ崎と同じ状況が間違いなく進行していると思います。

――例えば、どんな体験がありますか。

私が訪ねた東京のある児童館では地域の子どもに炊《た》き出しをしていますが、きっかけは中学生の子どもたちが朝から来ていて、朝食も昼食も食べずにスーパーでジュースとお菓子を万引きして食べていました。そして、夜はそのグループで、家に帰らず、学校の砂場で寝ていたそうです。なぜ家に帰らないかというと、多くが母子家庭で、帰っても親もいなくてお金もないから、家に帰る意味がない。お母さんは子どもをかわいがっているふしはあるけど、振り返る余裕がなくなってきている。家庭環境をみると、どの地域でも共通する問題があります。子どもの貧困は、いわば釜ヶ崎の子どもがリハーサルして全国で本番を迎え始めているような状況です。

――子どもの貧困解決に地域ネットワークの活用を強調されていますが、地域ネット

との出会いはいつですか。

二十三年前から、釜ヶ崎の「山王こどもセンター」という児童館で、アルバイトやボランティアとして子どもたちに接してきましたが、釜ヶ崎には十数年前から、山王こどもセンターも入っている「あいりん子ども連絡会」という地域ネットワークがあります。月に一回、児童館とか保育所、学校、病院といった親や子どもと関わりを持ついろいろな施設の人たちが集まって、フォローしている子どもたちの情報を交換します。「最近この子は不登校ですが、児童館での様子はこうです。お母さんの様子はそちらではどうですか」「うちの方にお母さんが来て関わりがあるので、こういうアプローチをしてみましょうか」という具合です。支援が必要な家庭について情報が共有でき、支援方法のアイデアも出てくるので効果的です。

――ルポの中学校の地域は月一回の教育ケア会議があり、緊急の場合はケース会議が問題に対応する体制になっています。あいりん子ども連絡会も同じシステムですか。

何か緊急に問題があった時は、現場ですぐに話し合って対応を決めています。例えば私の関係で言えば、お母さんと子どもが野宿をしていて居場所がなく、どうしようとなった場合、こどもセンターや保育所などに直接連絡して対応を話し合う。お父さんはいるけど一緒に住めない。それならお母さんと子どもは、お父さんと世帯分離して生活保護を受けた方がいいんじゃないかという話になります。方向が決まれば当事者と相談して、区役所で生活保護を受けましょうと支援が始まる。日常的にこうした相談を受けている人たちだから、どうしたらいいのかその場その場の対応は早いです。

――地域のネットワークが機能する鍵は何ですか。

釜ヶ崎やルポの中学校の地域は、貧困家庭が集中する深刻な状況なので、学校と地域が連携するネットワークが発達せざるを得なかったという面があります。学校と地域を結ぶネットワークの鍵は、ケースワーカー役が学校にいるかどうか。ルポの中学は学校がネットワークの拠点になっていて、教員が事実上のケースワーカーの仕事をしています。その意味で今、絶対に必要なのが、教育と福祉をつなぐ福祉専門職のスクールソーシャルワーカーです。

各学校にスクールソーシャルワーカーを置いて、その人を中心に地域とのネットワークをつくる。ケース会議を持って、配慮を要する子どもたちについて話し合っていくのがベストでしょう。今の状態で学校の先生にケースワーカー機能を期待しても、どこの先生に聞いても雑務、雑務に追われて時間がまったくないと言っている状態ですから。

――ルポの中学校は「靴減らしの教育」の意識が徹底されていて、家庭の動きが生徒

指導担当に情報としてすぐ入ってくる。一方、地域からの情報が必要に応じて生徒指導担当に入り、学校と地域の情報が統合される仕組みになっています。スクールソーシャルワーカーを配置しても、教職員との意識の共有化ができないとうまく機能しないのでは。

ルポのような中学校はかなり特別で、あのような体制がどこの学校でもできるとは思えません。仕事量が超人的ですから。もちろんスクールソーシャルワーカーを置いて一人で頑張ればいいという話ではない。学校全体のバックアップは当然ですが、それにはまず教職員に対する研修が必要だと思います。子どもの貧困問題に理解を深め、問題解決にはこういう取り組みをしていこう、という共通認識をみんなが持たないと前に進まない。学校だけでなく、教育委員会も教職員組合も、子どもの貧困問題への理解を持つ必要があります。まずスクールソーシャルワーカーの組織づくりをしっかりしたうえで、教員研修などの充実を図り、そして地域とのネットワークをつくっていく。

——地域ネットワークの中心はやはり学校ですか。

ネットワークの中心がどこになるかは地域性の違いもあると思います。ルポの地域では中学校になっていますが、釜ヶ崎では児童館や保育所が子どもの生活に密着しているので中心となってきました。スクールソーシャルワーカーが学校に入って地域との調整役になれば、ケース会議が持たれて動いていくうちに、どこかがネットワークの拠点になってくれます。地域の単位で考えれば中学校が動けるのは大きい。ルポの中学と同じことはできないにしても、学校が地域にネットワークをつくって中心になることは可能だと思います。

――スクールソーシャルワーカーを各学校に配置するとなると、お金の問題が出てきます。

　最後は予算の問題です。社会全体として、もう少し子どもに対する手当てをしていかないといけない。日本は高齢者に対する社会的支援はいっぱいありますが、子どもと若者には非常に少ない。その付けがきています。子どもの実態を見て、みんながスクールソーシャルワーカーは必要だと理解していかないといけない。

――スクールソーシャルワーカーの配置が実現しても、学校が貧困問題と正面から取り組むのは難しいのでは。例えば学校のイメージが悪くなるとか。

　そこは、いじめ問題と似ているところがありますね。「本校にはいじめはない」と言う学校がいっぱいありましたが、もちろんそんなことはなかった。貧困問題も同じで、どこの学校を調査しても一人親家庭が激増しているし、親が非正規雇用の家庭も激増しているので、少し調べれば、もう放って置けない状況だというのは明瞭《めいりょう》だと思います。

野宿になった若者からの相談を受けていて感じるのは、母子家庭と虐待家庭が多いことです。母子家庭で生活保護を受けていて帰れませんとか、暴力がひどくてあの家には死んでも帰れませんとか。つまり、親を頼れない若者がどんどん貧困、野宿になっている。一人親家庭や非正規雇用の家庭、虐待家庭が増えていることには、学校も苦労しているところでしょうが、そうした子どもたちのかなり多くは、社会のスタートラインから不利な立場に置かれます。私の実感からすると、そうした家庭背景を持つ子どもたちは、いずれ野宿、そこまでいかなくても貧困状態に陥る可能性が高い。野宿の現場と学校の課題がどんどん地続きになっている気がします。

——学校での野宿問題の公開授業で、生徒の反応はどうですか。

通常九十分の枠ですが、多くの子どもたちの野宿者への反応は百八十度変わる。特に、子どもたちが行う夜回りや、野宿をしている人の一日の様子を映像で見てもらうと効果があります。野宿者は怠け者で何もしたくないので、普段寝て暮らしていると思っていたら、段ボールを集めて時給百円ぐらいで頑張っている人がいるんだと分かり、見方の変わる子は多い。ある生徒の感想文ですが、野宿者はハウスがないけど野宿者仲間で助け合ったり、地域で家のある人と温かい人間関係をつくって心の居場所のある人がいる。逆に野宿者を襲う子どもは、ハウスはあるけど自分が本当にしんどい時、相談できる友達や信じ合える人がいなかったり居場所がない。だから、居場所という意味での「ホーム」のない子どもたちが、家のない、つまり「ハウス」のない野宿者を襲う、と書いていたことがあります。

野宿という貧困状態の背景には、生活保護の問題、一人親家庭の問題、非正規雇用の問題などがあります。学校も今、社会で起きている福祉や雇用の問題と向き合わないといけない時代に来ていると思います。塾なら割り切って「うちはお金をもらって勉強を教えているだけですから」と言えますが、少なくとも学校は「ここは勉強を教えるところだから子どもの貧困問題は考えなくていい」と言えるような社会状況ではありません。

——野宿問題の授業を続けていて、学校の貧困問題への意識に変化を感じますか。

十年前に比べて関心は明らかに広まっています。最初のころは私たちが授業をやりたいと言っても、知り合いの何人かの先生だけに声を掛けられる程度でしたが、今はまったくつながりのない学校からも依頼がかなり来ていますから。

学校に来ている子どもの貧困状況はどんどん進んでいると思います。今のところ実態はうすうす感じていても、目を向けられない先生が多いのでしょう。そもそも現状では、一人だけでは頑張ってもほとんど何もできないことが分かっているので動きようがない。やはりスクールソーシャルワーカーが必要で、学校に仕組みをつくって、子どもの貧困問題についても学校として何とかなるんだという見通しがつけば、みんなの足が進むと思います。

年越し派遣村もそうですが、その存在によって貧困は常に起こりうると社会に認識されました。その意味では、貧困問題の取り組みは、学校も子どもの貧困問題に意識的になって、子どものためにやるべきことをもう一押し考えていけば、大きく変わる可能性があります。

――ルポに登場する中学校は、貧困が深刻な学校だからと地域性の違いということで見られがちですが、子どもの貧困が拡大していけば、その実践はモデルとして役立ちませんか。

あのような実践をしている学校はめったにないですが、まったく関係がないといえる学校はない。今、労働者の四割が非正規ですし、生活保護世帯もどんどん増えていますから。多かれ少なかれこの中学校の生徒たちと似た問題を持った子どもはいるはずで、貧困の拡大が進んでいけば、時代の方がすぐに追いついて、この中学の実践は先駆的な例として参考になるでしょう。

貧困問題が大きく社会問題になったのはリーマンショックのあった二〇〇八年でしたが、あれは大人の貧困問題でした。子どもの貧困問題が来るのはタイムラグがあって十年後か二十年後に本番が来ると思います。つまり、いま貧困状態にある若者たちが家族を形成して、その子どもたちが学校に上がってくるのが十年後です。子どもの貧困問題が徐々に深刻化することは間違いありません。

その意味でも、子どもと若者に対する社会的支援が絶対に必要になっているので、それについては、野宿の現場も学校現場も地域も行政も協力して立ち向かわないといけない時期だと思います。当たり前のことですが、子どもはみんな平等に生まれてくるのに、親が違うだけで選択肢や可能性の幅がまったく違うのは不合理ですから。

——ひと口に地域といっても多様で、いろいろな問題を抱えています。どの地域にもネットワークができて、子どもの貧困問題解決に機能していくのでしょうか。

どこの地域も、昔みたいにみんなが顔見知りで口を出し合う長屋みたいな世界は、幸か不幸かなくなっています。ルポの地域は、ケース会議やケア会議によって中学校を拠点にした地域のネットワーク化という形で、地域を作り直した前例になると思います。旧来型の家族に期待しにくいように、従来の地域にも大きな期待はできないので、新しく地域のネットワークをつくっていくしかない状態です。

第三章　保健室からのＳＯＳ

朝食を求めて行列

始業前、まだ鍵《かぎ》の掛かった小学校の保健室。五人ほどの〝常連〟の児童が、ランドセルを下ろして廊下に座り込んでいた。

「先生、おなかがすいた」

「早く開けて」

待ちかねた養護教諭の河野悦子が来ると、子どもたちが声を掛けた。

朝食を食べていない子どもたちのお目当ては、河野が「とっておきの朝食」と呼ぶ給食の残りのパンと牛乳。子どもたちみんなが、おいしそうにパンをほお張り、牛乳をゆっくり飲み干した。

大阪府内にあるこの公立小学校では、二〇〇八年から保健室で朝食を出すようになった。きっかけはある女子児童がやってきたことだった。その子は、失業していた父親が失跡し、母親と二人、月五万円の年金で暮らしていた。服は汚れたままで、給食のほかは二日間、何も食べずにおなかをすかせていた。

「驚いて、とりあえず手元にあったお菓子を渡したんですが、その時、初めて『子どもの貧困』という問題があることに気づかされました。意識して聞いてみると、ほかにも家庭の事情で朝食を食べられない子どもたちがいたんです。だんだん給食のパンと牛乳を朝食として出すようになりました」

河野は経緯をそう話す。

学校の保健室は子どもたちの「駆け込み寺」のような存在だ。特に体が小さい小学生はすぐ「苦しい」と言ってやってくる。子どもが体と心の異変を訴えられる、学校で最初に不調に気づいてあげられる貴重な場所だ。このため、熱心な養護教諭がいる学校では親の虐待《ぎゃくたい》に気づく端緒になるケースも少なくない。小学生について貧困の現場を探ろうとしていた私たちが保健室に注目した訳はそこにあった。

そのためにはまず、取材に協力してくれる養護教諭を探さなければならなかった。どこの現場もそうだが、プライバシーの問題があり、特に学校への取材は最近はどんどん難しくなっている。日々、子どもや家庭の支援のために奔走し、しかも現場である保健室を取材させてくれる、そんな都合の良い注文を受け入れてくれる養護教諭は見つかるだろうか。何人もの養護教諭に当たってみたが、案の定、話は聞かせてくれても、学校取材となると首を縦に振ってくれる人はいなかった。

やっと見つけたのが、五十代でベテランの養護教諭の河野だった。

中小企業の工場が集まるこの地域は、二〇〇五、六年ごろから親の経済状態が急激に悪化した。給食費や学用品代などの就学援助を受ける家庭は以前に比べて倍増し、四〇％にも上るようになった。

河野は「保健室は子どもたちのＳＯＳに気づく始発点」と言う。家庭環境の変化のひずみは、子どもの心や体に表れるのだと力説した。

「うちの学校は七割の児童が虫歯で、四割は視力が低下しています。でも、お金がかかるから歯医者に行けず、眼鏡を買えない家庭も少なくないんです。虫歯の子は全国的には減っているんですが、うちの学校は多い状態が続いています」

子どもの貧困が「健康格差」まで生んでいることが、現場経験の長い河野にはひどく不安だ。

普通の教室と同じ大きさの保健室には、全自動洗濯機やカーテン付きの簡易シャワーまである。汚れた服を洗い、子どもの顔や手足を洗うのに、シャワーを使うこともある。汗をかく夏場は特に貴重な設備だ。

休み時間になると、静かだった保健室に子どもたちがどっと訪れ、河野は対応に追われる。体調が悪いと訴える子の体温を測るための電子体温計が「ピピピピ」とひっきりなしに鳴り、その間にも、部屋の隅では洗濯機がゴロン、ゴロンと音を響かせながら、子どもたちの体操服を洗っていた。

河野のような小中高校の養護教諭は、文部科学省によると二〇〇九年五月現在で全国に約四万人いる。小中学校は原則的に配置が義務付けられており、保健室では急病やけがの応急処置をするほか、カウンセラー的な役割も大きい。不登校の傾向があり、学校には来たものの、教室に入れずに保健室で勉強する保健室登校の子どもの指導もする。

日本学校保健会の二〇〇六年度の調査によると、保健室を利用する小学生は一校当たり一日に四十一人で、〇一年度より五人増えた。来室の背景要因のうち「心の悩み」が四一％に上り、九ポイント増加している。

「おなかすいた、おなかすいた」

朝、学校に遅刻してきた二年生の愛（八）がすごい勢いで保健室に駆け込んできて連呼した。保健室には毎日顔を出す。河野がパンと牛乳を出すと、あっという間にたいらげてしまった。

元気良くはだしで走り回るので、足の裏は真っ黒だ。

本人は何も気にしておらず、「見て見て、めちゃ真っ黒」と足の裏を上げて、無邪気に笑顔を見せる。

着ているTシャツはしわしわだ。首筋は汚れており、風呂《ふろ》に入らず寝てしまう日も多いという。

愛だけでなく、保健室をよく訪れる子どもたちの中には、服が汚れたり、小さくなっておなかが出たりしている子がほかにもいた。

保健室のたんすには、家で準備できない子どものために体操服も用意してある。河野は愛の体操服を取り出して着せ、体育の授業に送り出した。

「あの子の家は母子家庭で大変なんです。お母さんはとてもパワーのある元気な人だったんですけど、子どもを三人抱えて厳しい生活が続いて、とうとう体を壊してしまいました」

河野は愛の家庭に思いをはせた。

雨の日、サンダルで登校

夏休み前の大雨の日、愛と一緒に姉で四年生の静香（九）がビーチサンダルを履いて登校してきた。運動靴は穴があいており、「どうせ足が濡《ぬ》れるなら」と二人ともサンダル履きで来たのだった。

「お母さんに靴を買ってもらいなさい」

小学校の保健室で河野が二人に言った。

「うち、お金がないから買えない」

愛は答え、河野が用意したパンと牛乳の朝食を口に運んだ。

上履きも小さくなって、かかとを踏み、足の親指のつま先を曲げて履いていた。愛の足のサイズは二一センチだが、履いているのは一九センチの上履きだ。

この小学校では生活の様子が特に気になる児童に「健康チェック」と呼ぶ記録を付けさせている。朝夕食の内容、入浴したかどうか、体温などを毎日記入させ、家庭生活に変化がないかを見守る。

愛と静香の夕食は、ラーメン、牛丼《ぎゅうどん》、うどん、ハンバーガーといった外食が多かった。あとは市販の総菜か弁当が中心だった。風呂に入らない日も目立つ。食事の時間は遅く、寝る時間も遅くなっていた。

就寝時間と朝食には相関関係があるといわれる。日本スポーツ振興センターによると、朝食を毎日食べる小学生は増えており、二〇〇七年の調査では、食事の形態や内容は別にして、毎日食べる子は九一％に上った。ただ、週に二、三日食べない日がある子が七％、ほとんど毎日食べない子も二％いる。毎朝食べる子の九五％が午後十一時以前に寝るのに対し、ほとんど食べない子の四一％は十一時より遅く寝ていた。

愛と静香の一家もこうした朝食を取らない家庭の典型例だった。

夏休みが終わり、猛暑続きになっていた九月上旬。小学校ではお茶入りの水筒を持参するよう家庭に連絡した。

しかし、愛は保健室でペットボトル入りの麦茶を飲んでいた。

「水筒は？」

いぶかしく思い、河野が尋ねた。

「お母さんが、これ、持って行けって」

愛は無邪気に答え、ペットボトルを突き出した。

ペットボトルは母が自動販売機で安く売っていたものを買ったのだという。

「水出しの麦茶パックを使えばもっと安くすむのに」

河野は複雑な思いだった。

愛と静香はどんな環境で生活しているのか。河野に頼んで家庭訪問に付き添わせてもらうことにした。

「散らかってますけど、どうぞ」

家を訪ねると、母の恵（三五）が中に入れてくれた。

小さな一戸建て住宅。一階はリビングと台所、風呂、トイレ。飼い猫の尿のにおいが鼻を突く。物が散らかり、台所の隅で炊飯器の台になっていたのは、なぜか壊れた大型テレビだった。中古品を安く買ったが、すぐに壊れてしまい、捨てることもなくそのままにしてあるのだという。かなり急な階段を上がると二階は寝室だ。

「料理が好きで、以前はグラタンとかハンバーグとかをよく作っていました。子どもたちも喜んでくれて。今も調子がいいときは作ります。でも、普段は外食か総菜だから、食費はなかなか節約できないんです」

リビングに座った恵が言った。家事が思うようにできないのだという。

「うつ病で三カ月、精神科に入院していました。薬は今ものんでいます。何もかもつらく、やる気が起きないんです」

物憂《ものう》い様子でため息ばかりつく。

うつ病はストレスや疲労などさまざまな原因でなるとされ、気持ちが落ち込んでイライラしたり判断力が低下したりする精神的症状や、睡眠障害、食欲低下、頭痛といった身体的症状が出る。厚生労働省によると、うつ病やそううつ病など「気分障害」

と診断される患者の総数は一九九九年に四十四万人だったが、二〇〇八年には百四万人と二・四倍に急増している。

「昔はお菓子やケーキも作ったんですけどねえ。今は材料を量るのすらつらいんです。カレーなんか買った方が安いと思えてしまって。つい手間がかからない簡単な方へ流れてしまう。子どもが育ち盛りで食べる量が多いから、本当は大きな肉とか買って、切って使えばいいんだけど、そういうのが面倒なんです。病気だから。以前は友達と一緒に安売りの大型スーパーに行ってまとめ買いして、小分けしてラップしたりしていました。今でも、やらないと、とは思うけど、体が動かないんです。危機感はあります。必死で焦《あせ》るけど、できないんです」

子どもたちの世話も不十分だという自覚はある。しかし、やろうと思ってもできないのだという。

「食事の時間もいつも遅くなってしまいます。八時か九時、へたをすると十時になる」

子どもの身だしなみにも目が届かず、二人は汚れたままの服を着て登校することもあった。

恵は退院後の二〇一〇年三月、学校や福祉関係者の支援もあり、生活保護費の受給が認められた。

だが体調は不安定で、外食に頼ることが多く、出費がかさんで家計は苦しい。子どもたちにもしわ寄せがいった。

「子どもの靴は安売りのときにまとめて買うんですが、すぐぼろぼろになって、穴があいてしまうんです。一体、どういう履き方をしてるの、っていつもあきれてるんですけどねえ……」

恵は苦笑した。

「靴下もあまり履きたがらなくて、履くのは珍しいぐらい。はだしでよく学校に行ってます」

恵に、「雨の日にサンダルは、さすがにかわいそうな気がするんですが」と尋ねてみた。

「あの子たちはサンダルが好きだから。汚いぺらぺらのサンダルなんですけど、繁華街にもサンダルで行くぐらいなんです」

力ない笑いが返ってきた。

仕事と介護に疲れうつ病

愛は小学校のクラスの中で友達をうまくつくれないのか、保健室に毎日、顔を出していた。恵は、借金を重ねた夫と離婚。子ども三人を抱え、郵便配達の契約社員で生計を立てていた。

「バイクが好きだから、配達の仕事は楽しかったんです」

高校生時代からバイクに乗り、バイク便のアルバイトをしていた。バイクに乗れば、つらいことがあっても頑張れた。

だが、子どものことで上司とぶつかった。

「子どもが病気で入院した時にも、その上司は『どうして付き添わないといけないの』って嫌な顔をするんです。こっちは『母子家庭だから』って説明するんですけど、全然理解してもらえませんでした」

結局、別の郵便局に移ったが、そこでは勤務時間が長くなり、毎日、残業も求められるようになった。

「郵政民営化のころから勤務時間が長くなって、残業を含めると一日十時間にもなったんです」

恵がこぼした。

そのうえ、事実上の〝ノルマ〟があり、重くのしかかった。

「年賀状は自腹を切ってたくさん買っていました。中元や歳暮の季節には、贈答用の郵便局のカタログ商品から、できるだけ安い食品を選んで買って、子どもたちと食べるしかありませんでした」

長時間労働のしわ寄せは子育てにきた。愛の保育所の迎えはたびたび中学生の兄の智弘（一五）に頼み、恵は寝顔しか見られない日が増えた。

「愛は二年生なんですけど、寂しかったのか右手の親指を吸う癖がついて、今も直らないんです。タオルとか毛布とか布を触るのが好きだったり。心地いい布をいつも触りたがる。何回やめさせようとしてもやめないんです。先生は『友達と話すのが苦手なようです』って言う。いつも年上の子と一緒にいて、構ってもらいたいみたいなんです。愛情不足なんですかねえ……」

元気に走り回る愛からは想像もつかないが、恵はつらそうに話す。

その愛が小学校に入る前年の夏、恵に母方の祖母が電話してきた。

「誰も一緒に暮らしてくれないのよ」

祖父が病気で寝たきりになり、親族会議を開いたが、面倒な介護の引き受け手はなかった。

恵は二歳の時に母親が病死。父親は小学三年生のときに失跡して、祖父母に育てられた。

「『顔が父親に似てる』と言って祖母にはつらく当たられていました」

そんな家庭が嫌で高校時代に家を飛び出した。

「祖母はそれでも私に同居を頼みたいと言う。悩んだけど、涙ながらに訴えられて仕方なく引き受けました」

恵は祖父母の家に子どもと一緒に引っ越した。仕事で疲れた体に祖父の介護はこたえた。子育てがますます犠牲になった。

「おじいちゃんのおむつ交換は赤ちゃんと違って、体の向きを変えるだけでも体力がいります。夜中にやるのは本当につらかったですね」

職場に頼んで勤務時間を短くし、収入が減っても頑張った。

「それでも、十二月までは家の中はほんわかした雰囲気だったんです」

クリスマスイブにはピザを予約し、夜、普段より早めの七時半ごろに帰ってフライドチキンやケーキを祖母や子どもたちと囲んだ。テレビの上には小さなクリスマスツリーがピカピカと光っていた。

仕事が超繁忙だった年末年始は、それでも何とか乗り切った。

状況が一変したのは、年が明けた二〇〇九年の正月、恵が年賀状の配達に追われている間に、親族が集まって宴席を開いたのがきっかけだった。

それまで祖母と近くに住む叔母は、介護や金銭の問題でもめていて疎遠《そえん》だった。しかし、その宴席で関係が和らぎ、和解の兆《きざ》しが出たという。

叔母はそれ以来、毎日のように出入りするようになり、「介護のやり方が気に入らない」「子どもたちがうるさい」と恵に不満を口にした。

「叔母は母の妹なんです。おばあちゃんからすれば実の娘だから、顔を合わせて話をするようになると、意見が合うようでした。子どもたちは叔母が来るといつもビクビクしていました。ずっと二階にいて、トイレにも降りなくて」

恵は自宅で落ち着くこともできず、過労とストレスで変調をきたし、正月明けに精神科を受診した。そこでうつ病の診断を受けることになる。

厳しい毎日は続いた。

「仕事も介護もやめるわけにはいかなかったんです」

四月になり、愛は地元の小学校に入学した。

「私が叔母たちとの関係が悪く孤立していたので、愛には入学祝いもありませんでした。お兄ちゃんとお姉ちゃんの時はみんながお祝い金をくれたんですが、その年だけ、愛にだけはおばあちゃんも含めて親戚《しんせき》が誰もお金を出してくれませんでした」

上の二人は入学前、水筒や色鉛筆、筆箱、手提げかばんといった学用品類をまとめて買ってもらっていた。

「智弘はポケモン、静香はキティちゃんのキャラクターグッズで一式、そろえてやりました。でも、愛の時だけはお金がなかったから、ほとんど百円ショップで買いました。学校に持っていくコップなんかも。品物の質は落ちました。あの子だけ、まだ今でもリュックサックを買ってやれないままなんです」

恵は「仕方ない」といった雰囲気で淡々と話すが、口調には、末っ子だけ差がついてしまったことを申し訳なく思う気持ちがにじんでいた。

恵は「仕事と介護の両立は無理」と考えて祖父母との同居解消を決断。愛は入学一カ月で転校することになった。

転校初日から保健室

「うちは母子家庭です。引っ越しがまだで、荷物もこれからちょっとずつ運んでいきます。中学生のお兄ちゃんも入れて子どもが三人います」

二〇〇九年五月、小学一年生だった愛の転校初日、恵は校長と養護教諭の河野にあいさつした。

二学年上の静香は、その日のうちに「しんどい」と訴えて保健室に顔を出した。

「事情はよく分からないけど、大変そうな家だな。支援が必要になるかも」

河野は気になった。

「あの時は、まるで夜逃げ同然だったんです」

自宅のリビングで恵が振り返った。

祖父母との同居解消を決めた恵は、周囲ともめるのが嫌で内緒で部屋を借り、一カ月かけて少しずつ荷物を移した。

引っ越し先の借家で、子どもたちは親子水入らずの生活に喜んだ。

「二段ベッドを買ってここに置く。机はここにしよう」

「テレビは薄型に買い替えて、勉強机は二人分で一緒になったのがいい」

静香と愛は、子ども部屋の使い方を楽しそうに相談した。

「『いつ買ってくれるの』ってせがまれるけど、『そのうちね、そのうち』とごまかしてきました」

恵は苦笑する。

休日、一家で家具売り場に行くと、静香がベッドに駆け寄った。

「欲しいなあ」

自宅に帰ってても静香はカタログを広げていた。

「二段ベッドがいいなあ。こういう、かわいいの。ピンクのがいい。私が上で、愛は下に寝ることにしよう」

しかし、一カ月すぎ、二カ月すぎても家具は買えなかった。

「四人で暮らせるようになっただけで良かったでしょ、って話すと、お兄ちゃんは中学生だから事情を分かってくれていて『そうだよねえ』と答えてくれる。でも、下の子二人はとにかく『欲しい、欲しい』って言って聞かない。『今、お金がないから』って言うと黙るんですけど」

家賃は月五万円。敷金や礼金、家具の購入などで六十万円超の出費となった。車いすの祖父を乗せるために買った中古車の代金三十四万円もあった。引っ越しの荷物運びで残業ができず、月収は十五万円に減ってしまい、毎月のクレジットカードの支払いが家計を圧迫した。

一方、その間に給食費や学用品代として家計に入るはずの就学援助費が、一カ月分受給できなくなっていた。

「転居先の市の担当者が手続きの説明を間違って、四月分の援助費がもらえなかった。三人分で四万円になったと思います。結構、痛かったですよ」

「手続きの方法をきちんと説明してもらえなかった」と担当者に問いただしたが「言

った」「言わない」の水掛け論だった。

ただ、転校直後にさっそく保健室を訪れるようになった姉妹の表面的な印象は、河野にとってはそんなに変わったものではなかった。

「この学校に来た最初のころは、子どもたちは朝ご飯も食べて、服装もこざっぱりしていたんです」

河野は当時の愛と静香の様子を話した。

「お母さんは、何とか生活を立て直そうと頑張っていました」

実際、恵は郵便配達を終えると、料理や洗濯といった家事をこなした。

だが、その頑張りは長くは続かなかった。転校して一カ月がすぎたころから、愛と静香が体の不調を訴えて、保健室に来る日が増えてきた。

「特に静香ちゃんが『ちょっとしんどい』って言ってよく来るようになりました。静香ちゃんは家族の状況をよく話してくれて。『愛がよく忘れ物をしてる』なんて話すようになったんです」

河野は異変を感じ取るようになった。

そのころ、恵は疲れ果てていた。五月分の給食費は払えず、銀行口座の引き落としの手続きさえできずにいた。学校から催促されるたびに「払います。口座引き落としの手続きもします」と答えていたが、金銭的にも精神的にも余裕がなかった。その後も給食費の滞納は続いた。

「引っ越しの荷物を運ぶため、祖父母の家と新居を行き来するので慌《あわ》ただしくて。それに春はダイレクトメールの配達なんかも多いから、かなり仕事が忙しかったんですけど、うつ病のことは隠して働いていました」

河野は愛と静香に、自宅でどんなご飯を食べたか、お風呂に入ったかといった記録を「健康チェック」の用紙に保健室で毎日、記入させることにした。日々の記録によって家庭の状況に問題がないかを知るためだ。生活や体調の変化が分かれば、対応もしやすくなる。健康チェックシートは、子どもたちを守るための重要な道具だ。

「そのころ、お母さんの帰りが遅くなっていきました。子どもたちは夕ご飯を食べずに寝てしまい、朝起きてからお風呂に入る日も出てきて」

静香は毎日、体調不良を訴え、朝から保健室をのぞくようになっていった。

「健康チェックを付け始めたのは六月十二日です。十五日は『元気』と書いていた。だけど、翌日は『あたまがいたい』『きもちわるい』と書いている。十七、十八日は朝食を食べていないようです。だんだん、家庭の事情が見えだしてきました。転校してきて最初のうちは朝、起きてご飯を食べていたけど、お母さんの調子が悪くなって食べさせられなくなっていったんでしょう」

河野が振り返った。

注意信号が灯り、学校による見守りが始まった。

「おやつ、我慢する」

五月に転校してきてしばらくの間、一年生の愛と三年生の静香は、放課後は保健室で過ごした。恵は仕事で帰りが遅かったため、河野が夕方まで面倒をみることにしたのだった。

六月に毎日の健康チェックシートへの記入が始まった後、夏が近づくにつれて愛と静香は服の汚れが目立つようになっていった。同じ服を何日か続けて着ることもあり、周りから「かわいいねえ」と言われた白いスカートは数日経《た》つとすっかり黒ずんだ。食事も不規則になり、姉妹は深夜まで起きていた。

河野は恵を何とか支えようと、二人を学童保育で預かってもらうための入室手続きを急いだ。

「早く安心してもらえるように、と気を遣ってお母さんに学童保育入室のための申請書類を届けました」

河野はそう振り返る。

学童保育は、一人親家庭や共働きで保護者が日中不在の小学生を空き教室などで放課後に預かる制度だ。全国学童保育連絡協議会によると、通っている児童数は増えており、二〇一〇年五月には八十万人と過去最多になった。一四年五月には九十三万人で過去最多を更新している。

放課後の学童保育は恵の子育てに強い味方になるはずだった。

「でも、なかなか書類を書いてもらえなかったんです。お母さんは帰りが夜の八時とか九時になります。それから家事が待ってるでしょ。時間がないんです」

河野が母子家庭の厳しさを説明した。

しかも、申請書類は市役所に持参して担当者と面談するのが原則だった。

「お母さんから、『平日は仕事があるから、役所の窓口が閉まる午後五時までに行くのは無理だ』って言われて」

河野が関係者の間を走り回り、何とか書類を整えて申請にこぎ着けたのが七月中旬。入室は八月一日からと決まった。

苦労して年度途中でようやく愛と静香を入室させたのに、河野にとっては意外なことが起きた。

「二人は最初に数日、行っただけで、その後は学童保育を欠席するようになってしまったんです」

心配した河野が家庭訪問すると、子どもたちが水浴びをしていた。恵の姿は見えなかった。

「どうして行かないの」

河野が声を掛けた。

「お母さんが『学童はお休みにしなさい』って」

学校で給食のない夏休みの間、学童保育は弁当を持って行くことになっていた。しかし、弁当を作るのは恵にとって大きな負担だったようだ。愛と静香は「弁当が欲しい」と頼んだが、恵は「しんどいから、ちょっと無理」と答えて、二人に買ってきたパンを持って行かせていた。

「お休みにするのは、お母さんがお弁当を作れないからかな」

河野が尋ねると、愛が困ったような顔をして「集金の人が来たから、うちにはお金がないの」と答えた。

河野は自分で手作りの弁当を二つ用意して学校に持ってきたが、その後も二人は学童保育に行くことはなかった。恵からどうにか話を聞こうとして河野は何度も携帯電話に電話してみた。だが、結局、夏休みの間は連絡が取れないままだった。

二学期が始まると、愛と静香は放課後、再び学童保育に行くようになったものの、決まって午後三時半になると保健室に来た。河野はどうしたのかと不思議に思った。

理由は間もなく分かった。

「二人とも『おやつ、我慢する』と言っていました。おやつ代が払えないから、食べてはいけないと思い込み、おやつの時間になると、学童保育の部屋を抜け出して保健室に来てたんです」

おやつ代は一人月千円だった。恵には二人分の月二千円が払えなかった。

河野は再び家庭訪問をした。

子どもたちに部屋に入れてもらい、一目見て「片づけができず、ひどくなっているな」と思ったが、恵には会えなかった。

翌日、愛が保健室で河野に言った。

「何も食べてない。お母さんは『体がつらい』って言って仕事を休んでる」

「もう限界です」と走り書き
「これお願いします」

再び家庭訪問した河野は、ベッドで横になったままで弱々しく差し出された恵の手から封筒を受け取った。

裏には小さな字で「もう限界です」と鉛筆の走り書きがしてあった。

河野は、九月のその朝、始業時間をすぎても登校してこない愛と静香が心配で自宅まで迎えに行ったのだった。

恵は仕事を休んで寝ていた。部屋に上がり、枕元《まくらもと》に行った河野に恵が渡した封筒の中身は、市のホームヘルパー派遣を申請する用紙だった。恵は身動きできず、自分で申請に行けないので、代わりに申請書を出してほしいと頼んだ。

河野は弱り切った恵の状態を見て「これほどまでに大変だったのか」とあらためて感じた。

恵はお盆前から体調を崩して寝込んでいた。河野が何度も電話をかけてきたのは携帯電話の着信履歴を見て分かっていた。

「人と話すのがつらかったから、電話にも出られませんでした」

恵はうつ病を隠して郵便配達を続けていたが、寝込む前には精神的に落ち込む出来事が続いた。

「静香が六月に交通事故に遭って、家族にいつ何が起きるか分からないという不安にとらわれたんです」

　自転車に乗っていた静香が自動車と接触して転倒する事故が起き、救急車で病院に運ばれたのだった。まず河野に連絡が入り、携帯電話で連絡を受けた恵は職場から慌てて病院に駆け付けた。

「最初は状況が分からなくて、医者から『骨盤骨折だと一カ月以上、入院かもしれない』って言われました。すごく焦って。仕事を休まないといけない。すぐ上司に電話して、とりあえず次の日は休ませてほしいって頼みました」

　翌日の検査の結果、打撲だけだという診断が出て、三日間の入院で済み、恵はほっとひと息ついた。

　しかし、七月下旬には、祖父が死んだ。恵が介護で孤立して祖父母の家を出た後、すぐに入院していた。恵が去った後の介護はうまくいかなかった様子だった。

「私が我慢して、祖父の介護を続けていれば何かできたのでは」

　恵は自分を責めた。

　通夜《つや》では、親戚が席を外した隙《すき》に亡《な》くなった祖父の顔を見たが、翌日の葬式は親戚と顔を合わせたくなくて出席しなかった。

「あの時、心の中で何かが崩れたんです。おじいちゃんのことを思うと仕事にならなくなってしまい、仲間に迷惑が掛かるのが嫌でした」

バイクで走っていても、祖父ぐらいの年齢の人を見るとハッとした。

仕事に集中できず、上司に「体調が悪い」と言って有給休暇を取った。

「静香の事故があって生と死について考えている時に祖父が亡くなった。苦しい時に、ますます死を考えるようになりました。『子どもを連れて死のうか』とも考えました。残すのもかわいそうだから、って」

薬をのみ、一人でベッドで寝ているだけの生活が続いた。

「家はごみ箱のようになってしまいました」

どうしようもなくなり、夏休みの間、子どもたちは、十数年前に再会して以来、時々会うようになっていた恵の父親に、しばらく預かってもらった。

夏休みが終わり、九月に入っても、恵の病状はなかなか改善しなかった。そのため、生活が破綻《はたん》しかねない、と考えて恵は市役所に支援を頼みに行った。

子育て支援の担当課に、ホームヘルパーの派遣と、子どもを週末だけ施設に預けることを相談した。

「掃除など日常生活の支援のためにヘルパーの派遣はできますが、子どもを週末に預かるのは無理です」

職員が説明した。

河野も同じ日、一家の様子が気掛かりで「子育てがつらそう」と担当課に電話していた。市役所を訪ねた翌々日、恵はヘルパー申請の封筒を河野に預けた。

その二日後の未明。

「痛い、痛い」

恵は階段の下でうめき声を上げていた。トイレに行こうと起き出して、二階から転げ落ちたのだった。

「うつ病の薬でぼうっとしていたし、階段が急なんで」

当時の状況を恵が説明する。

その時はたいしたことはなくて助かったものの、翌日の未明、今度は頭から階段を落ちた。

「救急車を呼んで」

体を起こせず、子どもたちに叫んだ。

「軽い打撲ですんだけど、精神的にすっかりまいりました。子どもどころか自分の面倒もみられない。もう入院するしかないと思いました」

恵は当時を思い出して話した。

児童養護施設、面会に通う母

恵が階段から落ちた早朝、河野は恵のとてもつらそうな声で携帯電話に連絡を受けた。

「今日から入院するから、子どもを一時保護で児童相談所に預かってもらうことにしました」

「えっ……」

突然の電話に驚き、河野はすぐ恵の家に駆け付けた。

その日未明、階段から落ちた恵は病院から帰ったばかりで、首にコルセットをして、茫然《ぼうぜん》自失の状態だった。手続きは済ませていて、午後、うつ病の治療で入院するという。

郵便局の上司には朝、恵が電話した。

「今まで黙っていましたが、病気で仕事に行けません」

初めてうつ病を打ち明けた。恵は契約社員だったが、入院中は休職扱いにしてもらい、傷病手当が月十万円支給されることになった。

一番の問題は三人の子どもだった。母子家庭だから、恵が入院している間、子どもたちだけで生活させるわけにはいかない。困った恵は市の子育て支援担当課にも電話して相談していた。

「階段から落ちて入院することになりました。子どもたちを預かってもらえないでしょうか」

河野のほか、市役所や児童相談所の担当者が集まり、協議した。保護者がいなくなるなら、子どもたちは児童相談所で一時保護するしかない。

一時保護は、児童相談所が、虐待や非行などで緊急に収容の必要がある子どもや、養育者のいない子どもを保護する制度だ。対象は十八歳未満で、一時保護所などに二カ月以内をめどに入所させる。厚生労働省によると、二〇〇八年度の受付件数は一万九千二百七十八件に上る。

愛と静香は児童相談所の一時保護所に預けられることに納得したが、智弘は「施設に行くのは嫌だ」と強く拒んだ。小学生の時に一度入所したことがあったからだ。

「お兄ちゃんは最後まで施設は嫌だと言い張るので、私の友達に預かってくれるように頼みました」

恵が話す。

母親は病院、子ども三人のうち娘二人は保護所、息子は知人宅と家族ばらばらの生活が始まった。

一カ月後、愛と静香は一時保護所から児童養護施設に移った。

恵は病院から一、二週間に一回、二人に面会するために通い続けた。会えば抱きしめてほおずりした。娘たちもうれしくて恵に飛び付いてきた。

「集団登校で学校にもなじんでいたし、施設の中でもいろいろな行事があって二人は楽しかったみたいです」

娘たちになかなか会えず、寂しかったが、恵は安心していた。

愛と静香は同じ部屋で寝起きし、養護施設がある校区の小学校に通っていた。

「それまでは私が寝たきりみたいな状態で、決まった時間にご飯も作れなかったので、娘たちには施設の生活は良かったと思います」

兄の智弘は恵が入院して寂しかったのだろう、病院に毎日のように面会に来た。

「雨が降らないと夕方までいて帰る。休みの日は朝からいました」

だが、知人宅で規則正しい生活を身に付けたためか、不登校状態だった智弘はしばらくして中学に通い始めた。

仕事と子育てのストレスにうつ病の悪化。心も体もぼろぼろになって入院した恵は、生活に少しずつゆとりが生まれ、その分、子どもたちに愛情を注いだ。

しかし、そんな恵の平穏な生活は、長くは続かなかった。

復職できず生活保護

母子四人が三カ月ぶりにそろって再出発したのは、その年のクリスマスの日からだった。

愛と静香は児童養護施設の生活になじんでいたが、退院後、引き取ることを恵が強く望んだためだ。

「施設からは『お母さんが退院しても、子どもはすぐ帰せない』と言われたけど、どうしても、と頼んで帰してもらいました」

退院した恵は、懸命に生活環境を整えようとした。子どもたちに朝ご飯を食べさせて学校に送り出し、市役所から週二日派遣されてくるヘルパーと一緒になってせっせと部屋を片付けた。

「早く職場復帰して郵便配達の仕事をしたい」

恵は心待ちにしていたが、期待は裏切られる。

「薬をのんでいるとバイクを運転できない、と言われてしまったんです」

職場復帰は先送りになり、休職が続くことになった。

収入は傷病手当に児童扶養手当などを入れて月に約十六万円。家賃と光熱費で半分近くが消え、家計は火の車だった。

小学校で静香は口数が少なかったが、保健室では「うちに帰りたくない」と漏らすこともあった。

職場復帰が誤算となった一家をどう支えていくか──。養護教諭の河野も出席して学校や福祉関係者が支援のためのケース会議を開いた。

「生活保護が必要だ」

意見は一致したが、勧められても、恵はなかなか手続きのために自分で動こうとしなかった。

恵には心理的なハードルがあった。

「市の担当者に父と兄の連絡先を伝えた上で、二人に同意書を書いてもらわなければならなかったんです」

小さな子どもがいて、日常的に使っている移動手段の車も手放すことになる。さらに借金があることも、申請をためらう大きな理由だった。

「生活保護を申請するには、自己破産の必要があると言われました。そのころ、クレジットカードの支払いやローンが百五十万円ほどあったけど、働きさえすれば払えると思っていました」

入院時の保険金が入ったこともあって、恵はなんとか金をやりくりして生活していこうと考えていた。そのため、周囲が生活保護の申請を働きかけても、なかなか「うん」とは言わなかった。

だが、そのうち入院費の分割払いが始まり、食事が作れず外食に頼りがちになって、手元の金はどんどん減っていった。

「そろそろ駄目かな」

復職の見通しも立たない恵は退院から三カ月後、とうとう自己破産をして生活保護を受ける道を選んだ。

「生活はすごく楽になりました。子どもたちとすごせる余裕ができたのが一番いいですね。休みの日は電車に乗ってみんなでプラネタリウムを見に行ったりできるようになりました」

恵は楽しそうに話す。仕事や介護に追われ、子どもの寝顔しか見られなかった生活がうそのようだった。

四月には智弘が中学三年生になった。高校受験が大きな課題として迫る。智弘は不登校状態で、学力があまり身についていない。そのため、恵には、智弘が高校受験を真剣に考えていないように見えた。それでも何とか高校だけは出させたかった。

ある日のファミリーレストラン。恵は智弘に、高校中退で苦労した自分の話を語って聞かせた。

「高校を卒業してたら、社会の扱いが違う。お母さんも卒業してたら、美容師とか看護師の専門学校に行けたかもしれない。郵便局の正社員の試験だって通ってるかもしれない。智弘が興味のある自動車整備の資格も、高校を卒業していないと試験すら受けられない。高校を出たら、将来が広がる。高校に行かなかったら、百パーセント後悔することになると思う」

必死に説得する恵の言葉を、智弘は真剣な表情で黙って聞いていた。

愛は小さく、まだ手がかかる。静香にはもう少し手伝いをしてほしい。智弘には何としてでも高校に進んでほしい。恵はそう考え、生活保護を受けて時間にゆとりのあるうちに子どもたちとの生活を立て直したい、と願っていたが、事はなかなか簡単に運ばなかった。

自炊を教え子どもの力育てる

「お米を混ぜるときは、ぎゅっと押しつけて」

台所で小学校の養護教諭の河野が、愛と静香に米とぎの手本を見せた。

「グー、パー、グー、パー」

愛が河野をまねて小さな手を開いては閉じ、四合の米をといだ。

「自分だけでご飯を炊《た》けるように教えてあげるから、一緒にやろう」

保健室で河野が、二年生と四年生に進級した愛と静香にそう話したのは六月だ。

愛たちが付ける健康チェックシートの「あさごはん」の欄は連日、「なし」の文字が並んでいた。

母の恵は三月から生活保護を受け、経済的には少し楽になったが、体調は安定せず食生活も乱れがちだった。

「子どもにご飯を炊ける力があれば、親を頼らず、ひもじい思いをせずにやっていけるのでは」

河野は期待して米持参で恵の家を訪ねた。

「炊けたよ。よそおう」

河野が子どもたちに声を掛けた。

恵は一瞬、気まずい表情を見せた。

「……茶碗《ちゃわん》を割ってしまって、二つしかないんです」

恥ずかしそうに言った。

愛と静香は茶碗を使い、恵と智弘は丼《どんぶり》によそった。

用意した即席みそ汁を取り出す河野を見て、恵が冷凍庫から水ギョーザを出し、鍋《なべ》に入れた。

「いただきます」

「おいしい」

食卓に笑顔が広がった。

「子どもたちと一緒に料理をすれば、お母さんも動けるんだ」と感じて、河野もうれしかった。

厳しい残暑が続いた九月末、保健室で河野が愛と静香に提案した。

「一緒にあすの分の麦茶を作ろうか」

保健室で朝食を食べる子どもの中には、家庭で水筒のお茶を用意できない子たちがいた。愛と静香もそうだった。

「あい」「しずか」。空のペットボトルにペンで名前を書く。

「いい？　そうっと」

愛の手に河野が自分の手を添えて、やかんから麦茶をボトルに移し、冷蔵庫にボトルを入れると河野は言った。

「これで安心。朝、持っていけばいいよ」

河野は「一緒にやろう」とよく口にする。

「一緒にやって子どもたちがコミュニケーションを増やすのは大事です。親子や他人と関係を築いて、人間関係を豊かにしていけば、子どもは放置されず、寂しい思いもしなくてすむ」

恵も本当は家事や子どもたちの生活に、もっと手を掛けたいと思っている。

「うつ病で精神科に行くと『家事はできるようになってきましたか』と聞かれる。回復のバロメーターらしいんです」

職場復帰を強く望むが、見通しは厳しく、生活立て直しの模索が続く。

積極的に支えてくれる河野を恵がどう見ているのか聞いてみた。

「最初は、保健室の先生がどうしてうちに入ってくるのか、強引だなあ、と思ったんですよ。これまで他の学校では来なかったし。でも、今、考えたら、ありがたいお節介でしたね。生活保護の手続きとかいろいろやってもらって。私、人間関係が苦手だから、慣れるまではうっとうしかったけど」

河野の仕事は、どの養護教諭でもできるというものではないだろう。教員の本来業務を離れ、ボランティアのような面がある。

日本学校保健会の二〇〇六年度の調査によると、保護者が保健室を利用している小学校の割合は六四％にとどまる。利用のある学校一校当たりの利用者は五人にすぎなかった。相談内容は子どもの体や心の問題が多い。

「お母さんには気軽に相談してほしい。子どもだけの保健室ではなく、親子の関係づくりも支えていきたいんです」

熱く、静かに語る河野の見守りは続く。

学校への支払い「待って」

二〇〇九年十二月の土曜の朝。愛と同じ小学校で当時四年生だった奈緒（一一）は寒さに震えながら校門の前に立っていた。

「普段なら土曜日でも学童保育があるが、そのころはインフルエンザで学級閉鎖が続いていた。学級閉鎖中に子どもは預かれない、といって断られてしまったんです」

父親の昇平（三九）が振り返った。

奈緒には軽い発達障害があり、一人では留守番をするのが難しい。しかし、この日は仕事があってどうしても子どもの面倒はみられなかった。困った昇平は、養護教諭の河野悦子に電話した。

「学校だと安心だから、奈緒を一日中、運動場にいさせようと思うんです」

昇平は河野に苦境を訴えた。

学級閉鎖中の児童は自宅で過ごすことになっている。

「北風がピューピュー吹く中、ずっと外にいさせるわけにいかないでしょう」

やむなく河野が休日出勤して、奈緒を保健室で預かることにした。

昇平が出勤するのと一緒に奈緒は家を出た。校門前に着いたのが午前八時十五分。河野は八時半に出勤し、不安げに立っている奈緒を見つけた。河野は奈緒がほっとしたのが分かった。

午後はみぞれになった。ストーブをつけた暖かい保健室で、奈緒は昇平が作った弁当を広げ、河野が買ってきたシュークリームを頬張った。

ふと表情を曇らせて奈緒がつぶやいた。

「校門で待っている間、『先生が来なかったらどうしよう』ってすごく心配だった。保健室にいられて本当に良かったよ、先生。ここで預かってもらえなかったら、私、どうなってたかな。外にずっといようかと思ってたから」

河野が奈緒の気持ちを代弁する。

「あの子はつらいことがあっても、いつも『我慢しないと』と思っている。本当は甘えたり、すがったりしたいんです。でも、行き場がなく、頼れる人がいない。どうしたらいいか分からないんだと思います」

奈緒は昇平と中学生の姉の彩（一三）の三人家族だ。

昇平は元力士で、ひざを故障して引退した。一時はちゃんこ料理店を経営し、繁《はん》盛《じょう》した時期もあったという。その店が道路拡張で立ち退くことになって閉め、パチンコ店に転職。店では正社員に採用されて、店長の一歩手前まで昇進した。年収も六百万円になり、仕事は順調だった。

そんな時、妻が自殺未遂を繰り返すようになった。

「家の中はめちゃくちゃで、妻の入院のたびに娘を施設に預けていました」

結局、奈緒が二年生の時に離婚。帰りが深夜になるパチンコ店は、娘たちを育てるために辞めた。四カ月間、仕事を探し続けてやっと機械修理の会社に採用された。

職場は家に近く、仕事は毎日午後六時に終わったが、今度は契約社員だったため、収入が激減した。

「収入が三分の一に減ってしまい、親子三人で、一週間を二千円で暮らしたこともありました」

娘の給食費など学校への支払いもできなくなった。当時は彩も小学生で、二人分の学校への納付金は月約一万五千円必要だった。

昇平は学校に家庭の事情を説明してこう訴えた。

「払うと、ご飯が食べられなくなってしまいます。待ってほしい。月々少しずつ払いますから」

経済的に困難な家庭には、給食費や教材費を援助する就学援助制度がある。主に前年の収入が市区町村の認定基準を満たすかどうかで支給は決まる。家計が苦しくなった昇平はぜひ受けたかったが、申請すらできなかった。

「前年は正社員だから年収が多く、認定基準を超えているため、申請しても通らない。収入が大きく減った直近の生活を見てほしかった。生活保護の場合は直近の収入で判断してくれるのに、就学援助は制度が実態に合ってないと思います」

そう言って嘆いた。

奈緒と彩は、放課後、子どもを預かる学童保育に入室した。保育料は二人で月一万一千円。だが昇平にとって負担は重く、滞納が続いた。

「以前はおやつ代だけだったけど、有料化されたんです」

河野が顔を曇らせた。

昇平は子育てしやすいようにと考えて転職したが、父子家庭の生活の現実は想像以上の厳しさだった。

夜の保健室、父親の迎え待つ

「先生、苦しい」

三学期が始まって間もない年明けの一月、四年生だった奈緒がふらふらしながら保健室に入ってきた。

「朝は三七・五度だった熱が放課後は三八・五度に上がっていました」

河野が言う。ピンクのカーテンで仕切ったベッドに寝かせた。昇平と携帯電話でやっと連絡が取れたのは午後六時だ。

「奈緒ちゃん、熱があります。何時ごろ帰れますか」

「八時までは会社を出られそうにないんです」

昇平は申し訳なさそうに小声で話した。

「その日は休憩も取らずにぶっ通しで延々と働いていました。河野先生から携帯電話に連絡をもらっていたことになかなか気づかず、夕方、トイレに行った時に着信に気づいて電話しました。それでも、途中で作業をやめるわけにいかず、気にはなっても仕事を優先せざるを得なかったんです」

昇平が振り返る。

結局、奈緒は夜まで河野が預かることになった。

「お父さん、なかなか帰って来ないね」

静まりかえった夜の保健室。河野がベッドの奈緒に話し掛けた。

午後八時を回っても昇平が来ないので、やむなく河野が家に送った。部屋は足の踏み場もないほど散らかっていた。

「いつもこの辺に寝てる」

奈緒は物が散乱した床を指さした。河野が寝る場所を整えると、奈緒は布団《ふとん》で寝入った。

昇平が帰宅したが、奈緒の熱は深夜になっても下がらず、病院の救急外来に連れて行った。

「寝てたら奈緒に『パパ、しんどい』と起こされました。点滴を打ってもらい、薬をのんで、やっと熱が下がりました」

その夜の状況を昇平が説明した。

翌日、奈緒は学校を休ませ、昇平は何とか午後の出勤にしてもらった。

河野は昇平を思いやる。

「父子家庭は母子家庭と違った厳しさがあるんですよ。契約社員といっても、男性の場合は会社の中で重い責任を負わされることも多く、そう簡単に休めないんです。近所づきあいがあまりうまくない方だと孤立してしまいがちですし。女性同士だとご近所でも支え合いやすいんですが」

当時、昇平の会社は一部の事業所が隣県に移転。正社員が転勤し、残った人のうち昇平は契約社員だったが「現場責任者」の肩書きが付いた。

時給は少し上がったが、外部との対応など、責任はより重くなった。

だが昇平は体に不安があった。尿管結石や腰痛《ようつう》を抱えていた。夜中にたびたび下腹部に激痛が走った。脂汗《あぶらあせ》を流し、歯を食いしばって車を運転、救急外来に駆け込んだ。

「尿管結石になって救急車で来なかった人は初めてだよ」

そんなふうに医師からあきれられたこともあった。

「救急車で行って入院すると帰れませんから。夜のうちに痛みをとって、次の日は仕事に行くんです」

パチンコ店を辞めた後、転職する前の三カ月間は国民健康保険の保険料が払えず、無保険状態が続いた。そんな時、肺炎になって高熱を出したため、慌てて滞納分を払って保険証を受け取り、病院に駆け込んだ。この時も入院するように言われたが、医師に事情を説明して、無理に自宅に帰ってきた。

「悲観的にならないように、ポジティブに考えるしかない。後ろを向いても仕方がない。何とかなるよ、何とかする、と思わないと。倒れたら終わってしまうから」

昇平は笑ってみせた。

尿管結石では何度も入院を勧められたが、昇平はどうしても仕事を休むわけにはいかなかった。

「休むと給料が減ってしまう。それに、職場で責任が重くなればなるほど休めなくなった」

つらそうに話した。

眼鏡代は二週間分の食費

五年生になった奈緒は眼鏡を掛けていない。

「奈緒ちゃん、本当は視力がかなり悪いんです。黒板の字がぼやっとして読めないと思う。そんな状態じゃ、勉強どころではないでしょう」

河野は心配する。視力は〇・二と〇・七。だが教室では後ろの席で授業を受けている。

父の昇平も分かってはいた。

「学校で保護者面談の時に先生から『席を前の方にしましょうか』と聞かれたけど、本人は『前だと先生に当てられるのが嫌だ』と言うので……」

昇平は「奈緒の意思に任せていますから」と、言葉とは裏腹に、ちょっと後ろめたそうに話す。

数年前まで奈緒は眼鏡を掛けていたが、壊してからは買ってもらえていない。

「学校で眼科検診があるたびに、斜視と視力の低下を指摘されて、必ず病院に行きなさい、と言われるんです」

奈緒に眼鏡が必要だとは十分、分かっていながらも、買う余裕がない状況を昇平は嘆いた。

「勉強のことを考えると眼鏡は買ってやりたいけど、安くて七千円から八千円はするでしょ。二週間分の食費に当たる。食べることが先で、眼鏡の順番は後に回すしかない。ドライに割り切らないと生活していけないんです」

昇平も金と時間にゆとりがあれば、治療に連れて行きたいが、「金がないし、忙しいから」と行けずにいる。

河野は行政の対応に不満を訴える。

「うちの市では、困窮家庭に虫歯の治療代は出ても眼科は出ない。隣の市は眼科も出るんですけど。就学援助で眼鏡代が出ないのはおかしいです。勉強への影響が大きいから、眼鏡はぜひ現物支給してほしいです」

隣り合った市と境界を越えるだけで、子どもにとってどうしても必要な補助の内容にすら大きな格差があることに河野は疑問を示した。

眼鏡の購入代は、就学援助で独自に支給する自治体もあり、援助対象の費目は自治体間でかなりばらつきがある。就学援助を受けられる所得の基準も、生活保護世帯のほぼ一・一倍から一・五倍の範囲で、市区町村によって異なる。文部科学省の専門家会議は基準の統一を求める報告書をまとめているが、なかなか実現しそうにない。

十月初め、小学校では校庭で運動会の予行演習が繰り返され、校内にそわそわした雰囲気が漂っていた。

「お父さんが運動会に来てくれるって」

休み時間、奈緒が保健室に飛び込んできて、河野にうれしそうに話した。

「そうかあ、良かったねえ」

河野も笑顔で応《こた》えた。

「この半年間、家庭訪問にも保護者面談にも時間を割けませんでした。学校行事は何も参加していないんです。だから、せめて運動会ぐらい行ってやらないと、と思ったもんですから」

そう言う昇平の職場環境は一変していた。自宅から徒歩圏という恵まれた環境にあった会社は隣県へ全面移転し、通勤時間は往復約四時間もかかるようになってしまった。

夜、帰宅すると奈緒はもう夢の中で、寝顔しか見られない日が増えていった。

さらに、七月末から奈緒が高熱を出して、看病のため仕事を休む日が続いた。

「手取りはわずか十万円に減りました。このままではとても暮らしていけない。何とか別の道を切り開いていくしかないんです」

昇平は退職を決意。仕事と子育てが両立できる職場を自宅近くで探す。

低所得の母子家庭向けの児童扶養手当は、法改正でこの年の八月から父子家庭も支給対象になった。全国で新たに十万世帯が加わり、昇平も助かったが、給料があまりに少なく、焼け石に水だった。

「生活保護の申請が必要になるかも」

条件を考えると、就職が厳しいのは覚悟している。

母の帰り待ち「ストレスいっぱい」

愛や奈緒と同じ小学校に通う大輝（一〇）は四年生。身長約一四〇センチで、体重は五〇キロを超える。肥満のため、病院で受けた血液検査でコレステロール値が高いことが分かり、食生活や運動の改善が必要だと医師から注意された。

保育所時代から「大きいな」と言われてきたが、急激に太り始めたのは二年生になったころからだ。

三年生の夏、教室の床に自分の机の中の物をすべてぶちまけて、友達とけんかする〝事件〟が起きた。

大輝は保健室で、養護教諭の河野に理由を打ち明けた。

「ストレスいっぱいや」「お母さんが話を聞いてくれない」

家庭の不満が学校で爆発したのだった。

「いつも『お兄ちゃんだから』と我慢するように言われて、家ではいい子を演じていたのかもしれません」

河野は大輝の気持ちを察する。

母親の伸子（三九）の工場のパート勤務が終わるのは午後七時ごろだった。急いで買い物をして、帰宅するのは八時ごろになる。それからご飯の支度をするため、兄弟は毎日、おなかを空《す》かせて待っていた。

子どもたちは空腹になるとスナック菓子を食べた。

「仕事で帰りが遅いから、待ってる間、食べていいよ、と買っておいた。つい与えすぎてしまって」

伸子が反省する。

医師から「ポテトチップは控えてください」と言われている。

大輝は偏食も目立った。野菜は食べずに肉やご飯、めん類が好きだった。

夏休みは、一年生の弟と一日中、家の中で寝転び、大好きなポテトチップを食べながらケーブルテレビのアニメ番組を見て過ごした。

「子どもは『家で何していればいいの』という感じだったんでしょうね。待ってる間は寂しかったはずです。テレビばかり見てお菓子をたくさん食べるのは、親の帰りを待っているストレスのせいもあったと思います」

伸子が言う。かといって子育てに専念する余裕はとてもなかった。

父親の茂（四九）は建設会社を辞め、知人の紹介で電気工事を請け負っていたが、仕事が一気に減った。秋にリーマンショックのあった二〇〇八年のことだ。収入は不安定で、消費者金融に借金もあった。

そんないらいらが募ってか、家の中で兄弟が騒ぐと、茂は「いいかげんにしろ」とたびたび怒鳴った。

仲子はその夏、妊娠が分かり、結局、秋に仕事を辞めた。パート収入がなくなったことで一家の生活は行き詰まった。

「余裕がある時に貯金をしておけば良かったんです。夫が会社を退職したころは景気も悪くなかったし、ここまで不況になるとは予想もしませんでした」

仲子は悔やんだ。

茂は当初、家庭の経済状況の悪化は自分のせいだとあきらめていたが、仕事もなく、こんなに厳しい状況では行政に支えてもらうしかないと考えるようになっていった。

「生活保護を受けられないだろうか」

話し合いの末、夫婦は市役所に出掛けて相談した。

「もう少し頑張れませんか」

狭い個室で、担当者は事務的に夫婦に話し、代わりに「こんな制度もあります」とパンフレットを差し出した。五万円を限度に無利子で貸す制度だ。生活保護とは大違いだったが仲子は借りた。

「でも五万円なんて、あっという間でしたよ。なくなるのは」

一家はさらに苦境に立たされる。

「余裕ないのに入院なんて」

「経済的に『もう無理』と思ったのは、私が入院した時でした」

年末、妊娠七カ月だった伸子は風邪をこじらせて肺炎になった。

「余裕がないのに、入院なんかしてどうする」

茂は困り果てた。入院費は約二週間で十二万円から十三万円にもなる。家計に重くのしかかった。

「それまでにも次男が食中毒で入院した時は十万円かかりました。私の肺炎の入院は二回目で、前にも十二万円かかったんです」

伸子が病気でかかった費用を計算した。一家にとって医療費は、家計を圧迫する一番の悩みの種だった。

「ちょっと余裕ができたかと思ったら、入院になるなあ」

茂が嘆くと、伸子は「本当にねえ」とため息をつくしかなかった。

伸子は小さいころからぜんそくの持病があった。子どもたちもぜんそくやアトピーの持病があり、体が弱かった。親子で入院に通院にと治療費が掛かった。

子どもの医療費には、都道府県によって補助制度がある。厚生労働省の二〇一〇年四月のまとめでは、東京都は中学卒業まで入院・通院を補助、群馬、神奈川、愛知、兵庫の四県は入院を補助する。群馬は〇九年十月に通院補助も始めた。しかし、対象となる子どもの年齢や所得制限の有無などには大きな差がある。

伸子は〇九年春、無事三男を出産したが、出産費用も含め家計は出費だけがかさみ、消費者金融への借金が膨らんだ。

学校に支払う金にも困るようになる。

「『学校で要る物がある』とか、子どもはいろいろ言う。そのたびに『ちょっと待って』と言うしかありませんでした」

習字の道具も買えない状態が続いていた。

学校も一家の異変に気づいた。給食費などの納付金の滞納が続くようになったからだ。

事情を知った大輝の担任が相談に乗り、就学援助を申請して、何とか四月からの支給が決まった。

それでも家計は改善せず、再度、生活保護を申請することにした。以前、夫婦だけで市役所へ相談に出掛けた時は駄目だったが、今度は法律家の力も借りた。

「借金を整理しなければならず、秋に私が自己破産を申請しました」

茂の方は生活保護の話が持ち上がる前に自己破産していた。

生活保護の受給は翌年二月から始まった。

「生活保護で医療扶助を受けられるようになって、病院代の負担がなくなったのが一番助かります。すぐ病院に行けるのがありがたい。前は本当に大変でした。子どもを早めに医者に連れて行ければ、病気をこじらせないですんだかもしれません」

伸子は医療扶助が何よりうれしい様子だった。

「以前、高熱が出た時は『インフルエンザかもしれないから病院に行って』と伝えたけど、結局、連れて行けなかったようです」

養護教論の河野が振り返った。

生活保護を受けたことで、ようやく家の中が落ち着いた。茂が子どもたちに怒鳴ることも減った。

茂と子どもたちは野球が好きだ。時々、親子でキャッチボールをする。

「安売りの店で二、三千円のグラブを見つけて買ってきたんです。子どもたちはすごく喜びました。余裕ができたらバットも買ってやりたいんです」

顔を輝かせて話す子ども思いの茂は、頑張ってハローワークに通う。

「生活保護は早めにやめたい」と伸子は言うが、茂の仕事探しは簡単ではない。

子どものサイン見逃すな

夏休み直前、小学校の保健室には、一メートル四方ほどの段ボールの「家」があった。表札や郵便受け、花壇まである。

数カ月に一度、トイレットペーパーがまとめて学校に搬入される時、大きな空箱を使って作る〝秘密基地〟だ。家庭にさまざまな事情がある子どもたちが、家を作ることで癒《い》やされ、教室に戻っていく。

「めっちゃええやん」

男の子が家を見つけて歓声を上げた。そして、次の瞬間、まったく予想外の行動に出た。突然、体当たりして段ボールの家を壊したのだった。

「駄目でしょ。みんなで作ったんだから」

その場はしかりつけた河野が、放課後、やり切れない表情で話した。

「あの子も虐待《ぎゃくたい》を受けているんです。うらやましかったんですよ」

河野は、朝食を食べられない子にパンと牛乳を渡しながら様子を聞く。

「昨日の夕ご飯は？」

「お母さんがずっと寝てて、何も食べてない」

やりとりから親の失業や病気といった生活の変化や、困窮する家庭状況が見える。保健室の朝食は子どものサインに気づく大切な機会でもある。

しかし、保健室で元気そうにしている様子を見て「体調が悪いと言って保健室に来たはずなのに」と、しかりながら連れ戻してしまう教員もいる。「遊び場じゃないんだぞ」「調子が悪いときだけ来ればいい」と。

「元気じゃないか、と見えても、保健室で好きにしている間は自分で苦しさを感じていないだけ。元気そうにしている表面だけを見ていると、虐待を受けたり空腹だったりするのに周りが気づきにくいんですよね」

河野は教室を抜け出して保健室に来る子どもたちの微妙な状況を説明した。

子どもたちの課題に気づくと、河野は校内の会議で情報を共有する。教員間の連携が欠かせないからだ。問題を学校だけで抱え込まず、福祉や医療関係者とも連携する。

二〇一〇年夏、河野は教員の集会に参加していた。

「私は学校の家庭支援コーディネーターとして、関係機関と一緒に子どもを支えています」

学校と地域がネットワークを組んで支援した家族の例を紹介した。その約二年半前、河野が初めて「子どもの貧困」に気づき、保健室で朝食を出すきっかけになった女子児童の話だ。

このケースでは保健所は病気の母親の自立支援をし、社会福祉協議会はホームヘルパーを派遣した。地域のソーシャルワーカーは通院の介助や食材配給をし、看護師は訪問看護を、とそれぞれが役割を分担した。

「学校だけでは限界がある。家族の生活支援も含めた関係機関の連携が必要です。その人材が足りません」

そう河野は訴えた。

河野は「困っていても支援が届かない」と言う。就学援助もそうだが、せっかく制度があっても、本人が申請しなければ支給できない「申請主義」のために、当事者が制度を知らなければ活用されない。

「教育と福祉のはざまに落ちる子どもが、保健室でSOSを出している。気づいて援助していくことが、子どもや家族の自立支援にもつながる」

河野は保健室で接する子どもの心の悲鳴を見逃さないように気を配る。

「貧困のために大事な子ども時代を奪ってはいけない」

河野の信念だ。

識者インタビュー

貧困対策は無償化を基本に

首都大学東京教授　阿部彩《あや》さん

阿部彩さんは貧困や社会的排除、社会保障、公的扶助をテーマに研究を続けている。著書の『子どもの貧困』（岩波新書）では、許容できない生活水準といえる貧困状態で生活する子どもたちが日本にも数多くいることを明らかにし、どう支えるべきかを論じた。この本の中で、本来、貧困状態の人は政府が支えるべきなのに、社会保障制度や税制度によって逆に日本の子どもの貧困率が悪化している事実も指摘。「すべての政策に貧困の観点を」と訴えた。『弱者の居場所がない社会』（講談社現代新書）では、精神面や人間関係も含めた支援の必要性を強調した。民主党政権時代には、内閣官房の社会的包摂推進室の企画官も務めた。

――ルポでは、小学校の保健室に集まる子どもたちを通して、背景にある厳しい家庭の状況を、母子家庭、父子家庭、それから、両親はそろっているものの雇用が不安定で収入が少ない家族の三つのタイプで描きました。「子どもの貧困」を考える時、今、家庭はどういう状況にあると考えればいいのでしょうか。

より厳しい状況にあるという意味では母子家庭に目が行きがちですが、母子でも父子でも両親がいる家庭でも、経済的に厳しい状況に置かれている子どもがいます。私は、世帯タイプで分けると、子どもの貧困に目が行かなくなってしまうと思っています。世帯タイプに関係なく、子どものいる貧困世帯を支える制度を設計すべきです。

――私たちがまず母子家庭に注目したのは、母親の就労率が高く、ダブルワーク、トリプルワークといったハードな働き方をしても収入が低く出費が多いため、働けど、働けど暮らしが楽にならないという傾向が最も強いと考えたからです。

確かに、母子世帯の相対的貧困率は五〇％以上で、全世帯の一六％と比べると突出して高く、かなり厳しい状況にあることが分かります。母子世帯の一〇％ほどは生活保護を受けています。子どもの貧困に対して一番、目に見える形で出てくるのは母子世帯です。ただ、母子世帯には以前から児童扶養手当がありました。でも、民主党への政権交代前はこの手当は父子家庭はもらえなかったし、両親がいる貧困世帯の子どもを救済する制度は今もありません。

貧困率の高さでは母子世帯が群を抜いていますが、世帯数は少ないので、貧困の子ども数の中の比率で見ると、圧倒的に数が多いのは両親がいる世帯の子どもです。貧困の子どもの半数以上には両親がいて、三割程度が母子世帯、一割程度が父子世帯という比率です。

子どもの貧困を改善しようと考える時には、母子世帯だけの対策では足りないし、父子だけでも駄目です。また、特定のタイプに着目した制度には批判が起きることもあります。その意味で、私は母子だけに着目するのでなく、子どもに着目した「子ども対策」が必要だと言いたいのです。

――子どもを持つ貧困世帯に共通した対策としては、どんな手だてが有効でしょうか。

今の日本で働いても暮らしが楽にならないという点は、どの子育て世帯にも共通しています。原因は二つあります。一つは、子育ての費用が高いこと。高校無償化は進展ですが、義務教育の小中学校でも、教育費や教育に関連した費用がとても高い。もう一つは収入が少ないことですが、まず低所得世帯に対する公的給付が少ない、それと女性の賃金が低い。低賃金は働く女性全体の問題です。確かに、男女雇用機会均等法で男性と肩を並べて働く高学歴のキャリアウーマン型の女性も増えてきています。でも、大多数の女性は非正規雇用ですし、正規でも男性との賃金格差は大きい。日本は最低賃金が今も世界的に低いレベルですから、働く女性にとってはすごく大きな問題です。

貧困の世帯の現状を見ると、近年は母子世帯以外の世帯の貧困率がジワジワ上がってきています。男性と女性の格差が微妙に縮まっていて、それは女性の貧困率が下がったということではなくて、男性の貧困率が上がったからです。このごろ、単身女性の貧困がとても話題になっていますが、単身男性の貧困も大きな問題です。今は日本全体が貧困化しているといえます。子どもの貧困をなくすという観点からは、ピンポイントで子どものいる世帯への公的給付を増やすのが有効です。子どものいる世帯だけ最低賃金を上げるわけにはいきませんから。

――本来、高収入の人からは高い税金を取り、厳しい家計の人には公的給付をするという所得の再分配が機能していれば、貧困率が改善されるはずですが、阿部さんは『子どもの貧困』の中で、日本の場合、うまく機能していないと指摘されていますね。

所得の再分配をした後、つまり税金や社会保険料を払い、あらゆる給付をもらった後は通常、どの国でも子どもの貧困は大きく改善して貧困率は下がるはずなんです。それが日本では逆に上がっていると指摘しました。政府が介入した後の方が貧困な人が増えていた。経済協力開発機構（ＯＥＣＤ）加盟国はみんな政府の介入後、貧困状態の人は減っているのに、日本だけが逆に増えている。これはおかしいということです。ただ、この時使ったのは二〇〇五年のデータでした。〇九年のデータでは、そんなに大きくはありませんが、再分配後の子どもの貧困率は再分配前に比べやや改善しています。他の国に比べれば、まだまだですけど。〇九年のデータでは「再分配後の逆転現象」は見られません。

——やや改善したというのは、何か政策があったからでしょうか。

大きな政策の変更はありませんが、この間、自民党政権でも児童手当が拡充され、三歳未満は月額一万円に引き上げられました。それが一因だと思います。正しい方向に向かったのだと思います。

——子ども手当の導入の影響をどうみますか。

恐らく貧困率はさらに改善しただろうと思いますが、データがないのでまだ分かりません。景気の状況に変化がなくて子ども手当がポンと来れば改善するんですが、〇九年から、子ども手当が導入されるまでの間に所得の状況も変わっています。不況の影響で所得が下がり、貧困な状態の人が増えているかもしれません。ただ、いずれにしても、子ども手当の導入は、子どもの貧困解消に向けては大きな意味があったと思います。

——さらに子どもの貧困を改善するにはどうしたらいいのでしょうか。

あらゆる政策に「子ども対策」の視点を盛り込むことが大切です。必要なことはたくさんありますが、まず子どもの医療費対策。それから学力格差の問題も早急に何とかしなければならない。さらに、一番大変な状況にあるのは児童養護施設の子どもですが、まだまだ改善が必要です。やるべきことは山のようにあります。

――『子どもの貧困』では、低所得の子育て世帯に対して、給付金付きの税額控除を導入するべきだと提唱されていますね。税金を戻すようにと。

給付金付きの税額控除は、結果的には子ども手当と同じです。同じ額を給付するのを、税制でやるか、社会保障でやるかというだけの話で、まったく同じ効果ですから。私が税額控除を提唱したのは、その当時、〇八年の初めには、子ども手当の実現なんて絶対、不可能だと思っていたからです。子どもに限定した給付金付き税額控除と子ども手当は、受け取る側からすれば何の違いもないです。

――経済的に厳しい世帯だけに手当を支給するのではなく、子どもがいる全世帯に子ども手当を支給することには批判もありますが。

もし民主党政権が「貧困世帯に対して月に二万六千円の子ども手当を配るけど、所得制限で三百万円以上の人には一円もあげません」という公約をしたら、政権を取れたか、という話です。通常、そういう政策はほとんどの国では国民に支持されず、普遍的な制度の方が支持されるんですね。子どもの貧困解消のためだけに、これだけの大きな財源を注ぎ込んで持続するのは政治的に非常に難しいです。だから、子ども手当は非常に正しい方向だったと思っています。

——その子ども手当も財源問題で所得制限が入りました。結局、財源をどう確保するかが最大の課題ですね。

給付は全員、同じ形にして、税金や社会保険料を取る負担によって差を付ければいいんですが、日本はそこをしていません。税や社会保険料の累進《るいしん》性が極端に低いんです。ヨーロッパでは、もらうサービスや給付は一律にするけど、支払うべき人は支払ってほしい、所得の多い人は税金を多く払ってほしい、というやり方をしているわけです。

所得の高い人と低い人で保育や医療のサービスに違いがあるわけではなくて、同じ学校に行く。子ども手当のような給付も同じです。だけど、高所得者は七〇％の税金を払うということなんです。それと違うのはアメリカのやり方で、低所得の人は民間の医療サービスを受けられなくてかわいそうなので、低所得者用の公的病院を作りましょう、と。低所得者用の給付制度を作りましょう、と。どうなったかというと、病院も、低所得者用の病院と普通の人が行く病院に分かれてしまって、違う医療サービスが出されているということです。国民を断裂させてしまうわけです。そういう意味で普遍的制度と選別的な制度とどちらがいいかというのは、ただお金が貧困層にたくさん行った方がいいというより、もう少し一歩進んで議論しなければいけません。

――貧困世帯に対象を絞った給付策は、政策的にはうまいやり方ではないというわけですか。

低所得者だけの制度というのは、例えば生活保護なんかもそうですが、ネガティブなイメージなしに受け取れるか、それによってサービスの劣化が生じないか、といったことを考えなければならない。アメリカは保育サービスには公的なものがなく、低所得者の子どもだけのための「ヘッドスタート」という公的な就学前児童の教育プログラムがあります。だけど、高所得者の親は絶対に子どもをヘッドスタートに入れたいとは思わない。ヘッドスタートに行っているのは、みんな貧困層の子どもです。

高所得者の親たちは自分のお金でプライベートな保育サービスに行きます。そういう形で分かれてしまうわけです。そういうシステムがいいかどうか、という話です。私は、普遍的なサービスを提供して、取る所から取る方が絶対にいいと思います。日本は高所得者にとって税金はすごく甘いんです。そこの議論があまりなくて、小さなパイを奪い合うのは良くないです。

――この二つのタイプでいうと、日本は中間ということになるんでしょうか。

日本では、保育サービスも、医療サービスも、誰でも普通のサービスを同じように受けられますよね。ただ、生活保護とか所得制限付きの制度は、さまざまな制限を付けている。給付については、非常に負のイメージを伴う制度があります。だから両面ありますね。

——欧米より日本の方が「自己責任論」が強いのではないかと思います。相対的貧困の指標として、例えば、子どもに自転車が必要か、という調査では、欧米では必要だと考える人が多いのに、日本人は少ない。靴は必需品だと認めても、自転車だと「親が貧しいなら、なくても仕方ない」みたいに思われる。日本人は冷たいと思います。

その辺は私も感じます。実際には日本ではほとんどの子どもが自転車を持っています。そんな中で、ごく一部、買ってもらえない子がいる。それでも、必需品だと認めない傾向がある。高校生の親でも、ほとんどの親は「携帯電話なんてなくてもいい」と思っているけど、自分の子どもには買い与えていますよね。そのギャップを見ないといけない。

貧困の議論をしていると、貧しくても心の持ちようだという清貧論みたいな話を持ち出す人がいます。でも、そんな精神論では問題は何も解決しません。

——日本では貧困に対して「自己責任論」が強いという話でいうと、給食費もそうですね。給食費を滞納している家庭は、ほとんどが経済的に厳しい状況のはずなのに、

「払えるのに払わない親が多い」といった誤った印象が広まりました。給食費や学用品代を出す就学援助の方法は自治体によりかなり差があります。子どもに意識させずに支援の工夫をしている自治体は援助率も高い。工夫がないと子どもを差別と偏見にさらす恐れがあります。

　給食費は最初から無償化すればいいんです。そういうのは普遍的な制度の方がいい。どうして就学援助で給食費を出すのか。無償化して、その分、払える人、高所得者から税金を取ればいいんです。なぜ、みんなが給食費を出した上で、あなたは貧困世帯だから免除してあげましょう、という制度を作るのか。それが選別につながるわけです。ネガティブな印象はどうしてもつきまとう。子どもは社会の宝なんだし、社会全体で育てるということで、「子どもにかかる費用は全部持ちますよ」と言えばいい。これだけ子どもが減ってきていますから。私が普遍的な制度がいいと言っているのは、まさにそこですね。私も子どもが小学生なので、ノート代とかドリル代とか、いろいろ持っていかなければならないから実感します。学校で使うものだから、義務教育の間は費用を保護者に負担させるな、と思いますね。その分、所得税率が二、三%上がったっていい。それぐらいの意気込みでないと駄目だと思います。

　公的扶助の制度では、必要な人すべてを把握できない。恥ずかしいから申請しないとか、自治体のやり方がうまくなくて子どもに就学援助の申請用紙を持ってこさせたりとかして、受けられるものが受けられなくなってしまう。給食費が全部ただなら、そういう問題は起きません。子ども全員が安心して給食を食べられる。もちろん、それには財源が必要ですけど、そういう制度が必要だとなれば、少しずつ財源を増やそうとか、税率を上げようとかいう議論につながってくる。

逆に恐ろしいのが、消費税率も所得税率も上げない代わりに、どんどん出す方も小さくなることです。財政が厳しいからと、公的扶助の対象をどんどん絞らなければならなくなる。実際、今、所得制限が厳しくなって、給付を受けられる人が少なくなっています。そうすると、受給できるのはより貧困な、かわいそうな子たちだけになる。それによって、さらに悪い印象が付いてしまう。そうした負のスパイラルがすごく怖いです。

——阿部さんは多くの人の支援で、貧困状態の人を包み込む必要性を訴えられています。居場所があって支え合えれば自分を肯定できる。社会の役に立ち、そこにいていいと思えれば自己承認欲求が満たされる。本当はお金よりそっちの方が大事じゃないでしょうか。

自己肯定感と経済の問題は相関すると思います。食べるものがないと、全部吹っ飛びますからお金も必要ですけど、両方必要ですね。食べるものだけでは駄目です。

――取材を始める時に、「貧困の連鎖をどう断つか」というのが出発点にありました。対策の中で、学力アップが必要という話でしたが、教育はかなり大きな問題ですね。

教育費さえ何とかなれば、と思われがちですが、このごろ分かってきているのは、教育費だけではない、ということです。諸外国のデータでも日本のデータでも出ています。お金はほんの一部でしかない。例えば、教育費がゼロの国でも連鎖は起きるんです。教育費が高いから、塾に通わせられないから、経済的理由で進学校に行けないから、というだけの問題ではない。教育費対策だけでは連鎖は解消できない。

どういうことかというと、母子世帯なら夕方、子どもと宿題ができないとか、大きくなった子どもにコネがないとかいろんな要素がある。健康面の問題もあります。貧困家庭の子は健康に問題があることが多い。健康状態が悪くていい会社に就職できないとか。いじめに遭ったりして学校が嫌いになる可能性もあります。そういうのが複合的に出てきます。

――なぜ保健室に注目したのかというと、特に小学校では、子どもの体が小さくて弱いので、すぐ不調を訴え、体や心の問題が出やすいからです。ルポの学校では保健室で食事も与え、養護教諭が駆けずり回って、生活保護や子どもを預かってもらう手続

きを市役所と掛け合う。教育と福祉をつなぐキーパーソンの役割をしていました。でも、そんな学校は多くない。支え合う知恵はもう少しないでしょうか。

スクールカウンセラーがいて、児童相談所や保健所はありますが、絶対数が足りません。保健室の先生も少ない。場所によってはそういう方々が連携して、子どもと子育て世帯を支える所もあります。地域の子育て支援の窓口とか、孤立しがちなお母さんのためのセンターとか、日中、お母さんが行ける所はあることはありますが、そういう所は向こうからは来てくれません。来てくれるのは児童相談所ぐらいです。でも、その児童相談所も絶対数が足りない。

イギリスでは子育て支援のためのセンターを全国に作ってそういう役割を担《にな》っていますが、日本でもとにかく支援する機関や人の絶対数を増やしていくしかありません。

第四章　幼い命育《はぐく》む砦《とりで》に

「孫だけでも保育園に泊めて」

真夏の日差しがかげり始めた保育園の事務室。そろそろ園児のお迎えの時間だった。

「先生、孫だけでも夜、保育園に泊めてもらえませんか」

五歳児クラスの純の祖母の直子が、重い足取りで入って来るなり、切り出した。

「純ちゃんに一体、何があったの」

唐突な話に園長の鈴木智子が尋ねた。

「一カ月前から、家族で車の中で寝泊まりしているんです」

車上生活と聞いて、ベテランの園長の鈴木も、思わぬ事態に一瞬言葉を失った。

「五、六年前から、この園でも子どもの貧困を目《ま》の当たりにするようになった。子どもはもちろん、家族も含めた支援が必要になるので、対応に頭を抱えることが多い」

鈴木はこの数年間に出会ったケースを回想した。

純の場合もその一つだ。

純が関東地方にある鈴木の保育園に途中入園したのは直子が訪ねてきた前年。離婚した二十代の父親の俊樹が純を連れ実家に戻ったためだ。祖父母との四人暮らしで、純の世話は保育園の送り迎えも含めて六十代の直子がしていた。

「消費者金融からの借金が返済できず、家を手放して立ち退くしかなかったんです」

直子は車上生活に追い込まれた理由を話した。その後は、トイレと水道が使える公園に車を止めて、寝泊まりしていた。

「車の中で寝るのはもううんざり」と直子。夏の夜、車の窓を閉めると蒸し暑くて眠れず、開ければ蚊に悩まされた。

「一晩中、エンジンを切らずにエアコンをつけて寝るが、ガソリン代が掛かって困る」

直子は嘆いた。座席がベッド代わりでは、熟睡できるはずもなく、車上生活は限界に近かった。

「孫が疲れている。せめて夜は畳の上で寝かせてやりたいんです」

直子は藁《わら》にもすがる思いで保育園を訪ねた。

鈴木が車の中を見せてもらうと、歯ブラシやタオル、衣類といった少しばかりの「家財道具」があるだけだった。

純の小さな「異変」には鈴木も気づいていた。その当時、小柄な純がなぜか毎日、同じ大人用のランニングシャツ一枚で登園していた。

「何か変だな」

家庭生活に問題があるのかと思い、鈴木は「純ちゃんどうしたの」と声を掛けるが、

「俺、知らない」と決して車上生活のことは話さなかった。

「車上生活は、一日や二日、子どもに寝場所を提供すれば解決する問題ではないでしょ」

鈴木は一家が落ち着ける部屋を見つけることが先決だと思い、早速、直子を連れて市役所に出向いた。

「この子は親に二度捨てられる」

「園児の車上生活を放置するわけにはいかない。家族で住める場所を世話して」

鈴木は直子と一緒に市役所の窓口で、純の一家が生活できる部屋探しに支援を求めた。

「台風や地震といった災害の被害者でもない。対象にならない」

担当者は支援は難しいと言う。園児の命に関わることだけに、鈴木は簡単に引き下

がるわけにはいかなかった。

「市営住宅に空きがあれば入居させてほしい」

鈴木の要請に担当者の答えは「所得が制限を超えている。入居資格がない」。

純の一家は、会社員の俊樹とパート勤めの直子の収入を合わせると、所得証明の金額は制限を超えていた。

「でも、収入のほとんどは借金の返済で消えてしまっている」

鈴木と直子は事情を説明して食い下がったが、結論は変わらなかった。

「市と交渉を続けていても埒《らち》が明かない。真夏の車上生活を何とかしないと」

純だけでも安全な居場所を見つけて移そうと、鈴木は急いで次の手を打った。連絡したのは児童相談所だった。

児童相談所は児童福祉法に基づき、家庭などから十八歳未満の子どもについての相談を受け、調査、指導する行政機関。所長らが必要と認めるときは子どもを一時保護する。都道府県や政令指定都市、中核市などに置かれている。

「相談所に併設されてる一時保護所なら、すぐに純ちゃんを受け入れてもらえると聞いて、ほっとした」

しかし直子に伝えると「困る」と嫌がった。

鈴木にとって、純が屈託のない明るい顔で、仲間の園児たちと過ごしていたのが救いだった。

だが純の境遇を考えると「一日も早く一時保護所に預けなければ」と気がせいた。

「**必ず帰ってくるんだよ**」

「先生、息子に話をしてみたが全然取り合ってくれない」

直子が疲れた表情で鈴木に言った。

車上生活の純を児童相談所にある一時保護所に移すことには、俊樹は反対だという。

「おばあちゃん、お父さんが反対だからと、純ちゃんをこのまま放っておけないよ。今後の対応は児童相談所に頼もう」

鈴木は直子の了解を得て事情を伝えた。

児童相談所の動きは早かった。翌日の午後には、保育園に職員が純を一時保護するために訪ねてきた。

「もう待てなかったんでしょうね。強制的に収容します、と連絡があった。おばあちゃんのいる時でないと、純ちゃんを連れて行けないので、お迎えの時間に来てもらうことにしていた」と鈴木。

だが、誰が純に一時保護所への入所の話を伝えるのか。

「おばあちゃんはできないって、泣いてしまって。担任も園長先生が言ってくださいと言うし」

結局、鈴木がその役を引き受けることになった。

純は自分の保育室にいた。

「お泊まりができる所があるの。保育園みたいな所だけど、純ちゃん、しばらくそこに行ってみる?」

鈴木がさらりと言うと、純は「いいよ」と素直に応じた。

「クレヨンとかも持っていこうね」

純は鈴木に手伝ってもらい、すぐにリュックサックを取り出すと自分の荷物を詰めていった。

鈴木は、一時保護所へ突然移ることに、純がぐずるのでは、と不安だった。だが何も聞かず、鈴木を信じるように黙々と支度する姿を見て、思わず涙が出そうになった。

純が出て来るのが遅いので、心配した児童相談所の職員が保育室に顔を見せた。

「何も持たなくていいんだよ。洋服とかみんなあるから」

純は「分かった」と言って、詰めかけの荷物をロッカーに戻した。一時保護所にいる間は保育園に通えない。長いと二カ月にもなる。

「しばらくお泊まりだから、保育園には来られないよ」

純は「うん」とうなずいた。家族や園の仲間と別れる純。鈴木は小さな体をしっかりと抱きしめた。

「必ず帰って来るんだよ。待っているからね」

児童相談所には直子が付き添って行った。

一時保護所に入所して数日後、純が元気にしているか様子を聞こうと、鈴木は児童相談所に連絡した。

「入所の翌日から高熱を出してまだ下がらないって言うんです。車上生活の疲れとかが一気に出たらしかった」

鈴木は純が安心できる場所に移った後で「良かった」と思った。

「もし車の中で発熱していたら、と思うと怖かった」


「俺は運動会もやっていない」

純が一時保護所に移った夜のことだ。

父親の俊樹と祖父が保育園に怒鳴り込んできた。

「玄関を蹴飛《けと》ばして、俺の子どもを施設に入れる権利があるのか、とすごい剣幕でした」

園長の鈴木は「これしか方法がなかったんです」と頭を下げて説明した。俊樹は「何も分かっていないくせに」「子どもに何をするんだ」などと、大声で不満をぶちまけて帰って行った。

純は一時保護所に移ったが、父親たちが車上生活を抜け出し一家の生活を立て直さないと、引き取ることもできなかった。

「この先、どうなるのか気になっていた。保育園の籍も残してあったんです」と鈴木。

約二カ月後、祖母の直子が園に顔を見せた。

「何とか生活のめども立ち、アパートも借りられることになりました。純を引き取るので、先生、またお願いします」

直子は新しい住所を書いた紙を鈴木に渡した。

純も、間もなく一時保護所から戻って来た。

鈴木は久しぶりに登園した純を見て安心したが、言動に振り回された。

一時保護所では、乳幼児から十八歳未満の幅広い年齢の子どもが一緒に生活する。入所中は、保護された子どもたちは施設内から出ることも、学校に行くこともできない。

「先生ね、お兄ちゃんもお姉ちゃんもいて、いっぱい、おもちゃもあったよ」

純は鈴木に保護所での生活を話し、嫌そうな様子は見せなかった。だが幼い純には、家族や仲間と離れての集団生活はストレスになったようで、保育園では赤ちゃん返りして駄々をこね、トラブルを起こした。

「俺は運動会もやっていない」

純は、しつこく不満を口にした。

「保護所にいた間に終わった運動会やお泊まり保育などの園行事に、自分は参加してないって」

感情がたかぶり、食ってかかる場面もあった。

「自分を抑えておとなしくしているより、駄々をこねて表に出してくれる方がいいんです。私は駄々をこねられるような保育園にしたかった。職員にも言っている。子どもなりに何かを抱えていて、どう言っていいか分からない、どう表現していいか分からないつらさから、先生のことをぶったり、椅子《いす》を放り投げたりする子もいる。うちの園ではそういう子が感情を出せる。それが私はいいと思っている」

鈴木は純の気持ちを考えて、いくつかの行事をやり直した。

「純ちゃんのクラスだけですけどね。お泊まり保育は私の自宅にみんなを呼んで泊めた。運動会は限られた内容だったけど、純ちゃんが主役になれるように応援して」

これで純の気持ちも和らいだのか、園での生活は落ち着きを取り戻していった。鈴木が言う。

「家庭生活の困難からやむなく保護所に行ったけど、後でみんなと行事ができたことで、自分は受け入れられた、という安心感を持てたのだと思う」

ガリガリにやせて登園

やせ細った手足。膨れた腹。まるで飢餓で栄養失調になった子どものようだった。

園長の鈴木は、もう一つのケースを語り始めた。

約四カ月ぶりに、祖母に付き添われて登園した五歳児クラスの慎治の話だ。

「ガリガリにやせて、園の廊下を一人で歩かせてみたら、体がふらふらして真っすぐ歩くのが大変だった」

その日の早朝、祖母から鈴木に突然の電話があった。

「先生、慎治が私の家にいる。保育園に連れて行ってもいいですか」

慎治は塗装工で二十代の父親の孝行が再婚をして間もなく、登園しなくなった。四一時保護所は、緊急に家庭から引き取る必要のある子どもや、適当な養育者や居住場所のない子どもを最長二カ月をめどに入所させる。

「先生、それだけはできない。施設に入れたら、あの子は母親に捨てられ、今度は父親からも捨てられることになる」

直子は涙を流した。だが、純を車上生活から救う妙案は、一時保護のほかに浮かばなかった。

鈴木は直子を説得して、児童相談所の職員に引き合わせた。

「私だけじゃ決められない。純の父親と相談するから少し時間がほしい」

結局、直子は話を持ち帰った。

車上生活が分かると、保育園では純の生活支援が始まった。

「お風呂《ふろ》に入れなかったから、園のシャワーで体を洗うと、かかとなんて垢《あか》が、こびりついていた」

毎日、帰る前にシャワーを浴びさせて、夜はおなかがすくだろうと、給食の残りを持たせた。

「服も大人用のランニングシャツ一枚を着たきりでしたから、園で着替えも用意しました」

がるわけにはいかなかった。

「市営住宅に空きがあれば入居させてほしい」

鈴木の要請に担当者の答えは「所得が制限を超えている。入居資格がない」。純の一家は、会社員の俊樹とパート勤めの直子の収入を合わせると、所得証明の金額は制限を超えていた。

「でも、収入のほとんどは借金の返済で消えてしまっている」

鈴木と直子は事情を説明して食い下がったが、結論は変わらなかった。

「市と交渉を続けていても埒《らち》が明かない。真夏の車上生活を何とかしないと」

純だけでも安全な居場所を見つけて移そうと、鈴木は急いで次の手を打った。連絡したのは児童相談所だった。

児童相談所は児童福祉法に基づき、家庭などから十八歳未満の子どもについての相談を受け、調査、指導する行政機関。所長らが必要と認めるときは子どもを一時保護する。都道府県や政令指定都市、中核市などに置かれている。

「相談所に併設されてる一時保護所なら、すぐに純ちゃんを受け入れてもらえると聞いて、ほっとした」

しかし直子に伝えると「困る」と嫌がった。

歳児クラスの三月ごろだ。

「突然の電話でびっくりしましたよ」と鈴木。

「聞くと、夜遅くおばあちゃんの家に、父親が子ども二人だけを置いて、どこかに行ってしまったという話でした」

五十代の祖母は一人暮らしで、仕事を持っていた。慎治を残して出掛けるわけにもいかず、困って園長の鈴木に助けを求めてきた。

給食の時間になると、鈴木や職員は再び慎治に驚かされた。メニューはカレーうどんだった。

「慎ちゃんに『食べる？』と聞くと、『うん』と言う。それでほかの子と同じように、子ども用の茶碗《ちゃわん》でうどんを食べさせたんです」

一杯、二杯、三杯……。慎治は次々とうどんをお代わりして、五杯目を平らげた。

慎治のすさまじい食欲に、鈴木は「こんなに食べていいのか」と心配になり園の嘱託医に連絡した。

「食べたいだけ食べさせていいんでしょうか」

慎治の状況を話すと「急激に食べさせるな」と言われて、それ以上のお代わりはやめた。

祖母にも「消化のいい食べ物にして」という嘱託医の指示を伝えた。

慎治が急に登園しなくなってから、鈴木は手をこまねいていたわけではなかった。理由がはっきりしないので「おかしい」と思い、孝行に何度か連絡を取った。

「慎治が保育園に行きたがらない」「風邪をひいた」「妻がちゃんとみてる」

そのたびに孝行の説明は変わり、鈴木は慎治がどうしているのかますます心配になった。

「子どもが登園しなくなり、連絡しても様子が分からない」

保育園だけで慎治の問題を抱え込むのはよそう、と鈴木は判断して、児童相談所に知らせた。

消息つかめず張り込み

「慎治君いますか」

児童相談所の職員が、休みが続く慎治と家族が住むアパートを訪ねた。

「子どもは元気にしてますよ」

応対に出た義母が言った。

「直接、慎治君に会わせてもらえませんか」

職員が頼むと「あすからは保育園に行かせます」と答えただけで、義母は部屋の中に入れようとしなかった。

だが慎治は登園せず、職員が家庭訪問を繰り返したが、義母の対応は同じだった。

慎治の様子が確認できず、鈴木も何かいい方法はないかと気をもんだ。姉の里沙が通う小学校は春に運動会があった。

「慎ちゃんも家族と一緒に応援に来るかもしれない」

鈴木は同じ学校に通う卒園児の母親に頼んで、運動会の会場で慎治を捜してもらった。

「シートの上にお父さんと一緒に座ってましたよ。じろじろ見ると変だから、体の様子まで分からなかったけど」

卒園児の母親からの報告に鈴木は胸をなでおろしたが、その後も慎治は登園しなかった。そこで孝行の携帯電話に連絡した。

「仕事で朝が早く帰りは遅いので、よく知らないが、慎治は元気にしてるようだ」

孝行は「心配いらない」と言う。児童相談所が近所で慎治の話を聞いても「小学生の女の子は見るが、弟は知らない」と情報はなかった。

どうしたら慎治の様子が分かるのか。思いついたのが里沙だった。

「里沙ちゃんなら一緒に生活しているから、学校の帰りにつかまえて話を聞いてみようとなった」と鈴木。

卒園児の里沙の顔を知る鈴木は、児童相談所の職員とアパートの近くで待った。

「意外だったけど、私たちの姿を見つけると、里沙ちゃん、パッと消えちゃうわけ」

里沙は簡単にはつかまらず、鈴木たちは「張り込み」を続けるしかなかった。何回目かの張り込みで、逃げる里沙を追いかけて、やっとつかまえることができた。

「先生たち、慎ちゃんのことが心配なの。家でどうしているのか聞きたいんだけど」

鈴木は里沙が怖がらないように、優しく話し掛けた。

「私に聞かないで。何も話せないんです」

里沙の目から涙がこぼれ落ちた。

「離してください」

里沙は鈴木の手を振り切るとアパートの方に駆けだした。

納戸《なんど》に入れられ「孤食」

慎治が保育園に登園しなくなって約四カ月。

「慎治君の安全を確認するため、強制的に部屋の中に入ります」

児童相談所から連絡があったと鈴木は話す。

「でも偶然なのか、父親が慎ちゃんと里沙ちゃんを置いて消えてしまったのが、ちょうど相談所がアパートに行く前の夜だったんです」

鈴木が振り返った。

小学生の里沙や慎治の話から、孝行が再婚後、慎治は義母からの虐待《ぎゃくたい》を受けて、登園できなかったと分かった。

「慎ちゃん一人、納戸のような所に入れられて、食事はほかの家族とは別だった。量が少なくて、一日に菓子パン一個という日もあった。それで、里沙ちゃんが小学校の給食の残りを持ち帰って、こっそり慎ちゃんに食べさせていたというの」

鈴木は、義母が児童相談所の職員を部屋に入れなかったことも、慎治がやせ細ったことも、これで理由が理解できた。

里沙と慎治は祖母が引き取った。

「おばあちゃんがきちんと世話をしたこともあって、慎ちゃんの健康は順調に回復して良かったんだけど、保育園の未納金の問題が残った」

鈴木によると、孝行はそれまで保育園に支払う主食代やおむつ代、保護者会費といった雑費を滞納していた。

「雑費は月三千から四千円。二人の子どもが一緒に在園した時期もあったから、多い時は月七千円ぐらいになったと思う」

　塗装工の孝行は、長引く不況でいつも仕事があるとは限らず、収入は不安定だった。

「年二回、滞納の保護者には少しでも納付をしてくれるよう、お願いの手紙を渡します。でも慎ちゃんのお父さん、生活が苦しかったんでしょ、払ってくれなかった」

　祖母は孫二人の養育のため勤務時間を短くした。収入が減った中、足りないながらも月千円ほどを払った。

　里沙がちょうど保育園に遊びに来ていた時だ。鈴木はお願いの手紙を祖母に渡すように持たせた。十分もしないうちに、里沙が息を切らして事務室に戻ってきた。

「先生、持ってきた」

　差し出した手のひらには、汗にぬれた百円玉が三枚あった。

「手紙を読んだんでしょうね。これで払うと言うんです。『里沙ちゃんは心配しなくていいの』って。事務室にいた職員みんながもらい泣きしちゃいましたよ」

　鈴木は滞納の保護者には、卒園後も年一回、納付のお願いの手紙を出している。

弁当はケチャップご飯

保育園の秋の遠足。昼の弁当は動物園のベンチでだった。園長の鈴木は、五歳児クラスの舞と一緒のグループになった。ふと、舞の弁当に目をやった。

「忘れもしない。トマトケチャップをかけたご飯に、ほんのちょっぴりおかずがあるだけ。ほかの子は、鳥の空揚げが入ってるぞ、とかはしゃいでいたのに」

果物もなかったので、鈴木は自分のものを分けた。

舞は母子家庭で、五歳児クラスに途中入園した。ぼさぼさの髪にサイズの小さくなった靴。風呂にも入っていなかった。

「シャワーを浴びさせて、クモの巣のようだった髪もきれいにとかした」と鈴木。サイズの合う靴も保育園で用意した。

せっかく身だしなみを整えても、家に戻ると三十代の母親の由紀子は舞の世話をほとんどせず、すぐ元に戻ってしまった。結局、園で舞の面倒をみた。

小柄でやせた舞は、食が細く体重が増えなかった。昼の給食は、おかずにはほとんど手をつけず、ご飯も残した。

「朝食は抜きのようだし、家できちっと食べていないから、胃袋が小さくて食べ物を受け付けない。食べると吐いてしまうんです」

由紀子は無気力で、ネグレクトのような状態だった、と鈴木は言う。由紀子がお迎えに来られないので、鈴木が舞を家まで送って行ったことがあった。

「小さな古びたアパートで、本当にひっそり暮らしているという感じでした」

テレビがあるか舞に聞くと「ない」と答えた。

「家ではお母さんと話をしている、と言っていましたけどね」

冬になっても舞は夏の服を着たままだった。厚手のコートなど冬用の洋服を持っていなかった。

「保護者や職員に呼び掛けて、冬の服を集めてお母さんに渡しました」

由紀子は定職に就いている様子はなく、園の雑費も滞納していた。鈴木は生活保護を申請するように勧めた。

「舞ちゃんと生きていくためにも生活保護を受けることは、恥ずかしいことじゃない」

由紀子は「分かっているんですけど」と言葉を濁すだけで、動こうとしなかった。

折に触れ鈴木は働きかけた。

「仕事をしながら生活保護を受けることもできる。生活を安定させることが必要だよ」

舞の卒園が近づくと、由紀子はコンビニでパートの仕事に就き、生活を立て直し始めた。

年越しの米を持ち家庭訪問

「舞ちゃんと同じように髪の毛がぼさぼさで、本当にやせていて背が小さいんです」

鈴木は舞とちょうど同じ時期に保育園にいた咲のことも忘れられなかった。

「いつの間にか退園してしまい、音信不通になってしまったんです」

母子家庭で母はパートをしていて、園には咲を送ってきたが、朝食は抜きでの登園だった。

だが食の細い舞とは対照的に咲は、保育園の給食をよく食べた。

「朝からおなかが減っているんでしょうね、お昼の給食や三時のおやつを次から次と口に運んでました」

それでも咲はやせたままだった。

保育園では近くの畑で園児たちが野菜をつくっていた。

夏のことだ。生活が困窮していたのか、鈴木にお願いがあるという咲の話を聞いて言葉を失った。

「年長さんたちが畑をやっていて、茄子《なす》とか胡瓜《きゅうり》とかが取れるんですよ。ある時、咲ちゃんが『お母さんから保育園の茄子と胡瓜をもらっておいで、と言われたから欲しい』って言うんです。そんなことを子どもにやらせるお母さんがいるのかって驚きました。野菜はあげましたけどね」

それからしばらくして、母親に代わって同居していたらしい男性が車で送り迎えをするようになった。母親が妊娠したためだった。それも長く続かず秋ごろから咲は登園しなくなった。

心配になった鈴木は時折、咲の住むアパートに家庭訪問をした。

「咲ちゃんいますかって声を掛けると、お母さんが顔を出して話はするんだけど、咲ちゃんには会わせない」

結局、母親は市に生活保護を申請した。

年の瀬、鈴木は市のケースワーカーと一緒に咲の家を訪ねた。

「市の担当者が『生活保護費の受給が決定するまで時間がかかる。生活に困っているだろうから、米さえあれば、とにかく年を越せるだろう』って届けにいったんです。その時に私が『咲ちゃんいる』って声を掛けたら『はーい』って声がしたから部屋にはいたんですけど、でも出てこなかったですね。お母さんがちょっとドアを開けただけでした」

母親の話では、妊娠して具合が悪くなったのでパートの仕事も休み、家のことを咲に手伝わせていた。生活はパートの収入もなくなり苦しくなるばかりで、産婦人科に通院もしていなかった。

年明けに生活保護費の受給が決まったが、その後に母親が出産すると、いったい何があったのか、一家の姿は突然消えてしまった。

保育園にも何の連絡もなかった。

疲れ切った表情でお迎え

保育時間が終わった夜の七時、職員用の部屋に二十代を中心とした母親たちが集まって来る。月に一回開かれるシングルマザーの会だ。園長の鈴木の発案で二〇〇三年から続いている。

きっかけは一枚の調査票だった。

「毎年、市に出す保護者の調査票があって、二十代のお母さんですけど、お父さんの欄がマジックでビーッと消されていたんです」

家族の状況が変わったのかと思い鈴木が尋ねると「私、離婚しました。別れたから父親の欄を消しただけです」という返事だった。

「ほかのお母さんはみんな幸せそうに見える。私のような失格した母親は保育園で私だけでしょ」

鈴木はこの言葉に大きな衝撃を受けた。

「そんなことないよ、シングルで頑張っているお母さんはたくさんいるよ、って言いましたが、みんな幸せな家庭で私だけが、という思いを聞いたのは初めてでした。それでどうしようって考えちゃったんです。そのうちの子どもは朝、お母さんとお別れの時にピーピー泣くし、お母さんも子どもをうるさいって邪険に扱って大変でした。何とかうまくできないかなって」

そこで鈴木は当時、園の保護者の中に十人以上いたシングルマザーに「一度集まろうよ」と手紙で呼び掛けた。

「私がお膳立《ぜんだ》てをするから、賛同するお母さんはぜひ集まってほしいと。何と全部で十数人来てくれた。自己紹介をしてあなたもそうだったのという人もいて、これからも続けましょうかと聞いたら、みんな月一回ぐらいなら集まってもいいよねって」

子育てで孤立しがちな母子家庭の母親を少しでも支えたい、と鈴木が始めたシングルマザーの会は、今も一人で悩みを抱え込むのではなく、本音で話し合える交流の場となっている。

「いつも顔を出すのは六、七人かな。時々卒園児のお母さんも参加して体験を聞ける」メンバーの母親が言う。

この会がある夜は、園が特別保育をして子どもを預かってくれる。母親たちは夕食の弁当を食べながら約一時間半、落ち着いて話ができる。

「みんな結構、私生活の部分まで出しますよ。子育ての悩みはもちろん、仕事の収入や時給、休日にお金を使わない遊び方とか。男の人の話で盛り上がることもある。身近な生活の話題だけれど、ほかのお母さんの話に刺激を受ける」

子どもの年齢は違っても、この会で仲良くなり、子育てで互いに助け合うことも少なくない。月一回のリフレッシュタイム。母親たちの会話は弾む。

だが鈴木には気掛かりなことがある。

「このごろ、疲れ切った表情でお迎えに来るお母さんが増えている。子どもが同じ服を着たきりとか、見た目で貧困と分かる形は少ないが、保護者の所得格差は広がり、特に若い世代の母子家庭の生活は、ぎりぎりの状態ですよ」

保育園では、入園前の個人面談でシングルマザーの会の説明をする。

アルバイトで生活する篤子（二六）にも、娘の真由が入園して間もなく、会への案内の手紙が届いた。

「最初のころは、仕事が忙しくてまったく顔を出しませんでした」

その後、たまたま参加した時、今は最も親しい「ママ友」になった母親と出会った。

「そのお母さんに誘われて、続けて会に出るようになりました。見知らぬ土地での生活で、親しい知り合いもいなかった。会での交流がなければ、今でも孤立していたかもしれない」

篤子は入園前、真由と身を隠すようにして母子生活支援施設にいた。

最低限、空腹満たせれば

二〇〇八年の早春。引っ越したアパートにあったのは布団《ふとん》と食器、鍋《なべ》ぐらいだった。母子生活支援施設を出る時に用意してくれたものだ。

「あとは支援施設の物置のようなところに、生活用品が無雑作に積んであって、好きな物を何でも持って行っていいですと言われました。自分の判断で持って行くんですけど、テレビ台をもらって行きました。いつかテレビを買おうとその時のために」

がらんとした部屋で、篤子は寒さが身にしみた。

「冷蔵庫と洗濯機、ガスこんろは生活必需品だからすぐ買いました」

篤子は別れた夫のドメスティックバイオレンス（DV）が原因で、初めての土地にあった母子生活支援施設に、まだ一歳の真由と避難した。

だが一カ月足らずで「自立した生活がしたい」と、まだ仕事もないのにアパートに移った。

パソコンはなく新聞も購読していなかったので、地域の求人情報を見ることもできなかった。篤子はたまたまアパート近くの輸入雑貨店で、アルバイト募集の張り紙を見つけるとすぐに応募した。

スタッフルームで、店長の男性が面接した。

「始まって五分ぐらいして、あれっ、体が震えていると思いました」

篤子の唇が真っ青になり、全身が小刻みに震え出した。

「大丈夫ですか」

店長が心配して声を掛けた。

「大丈夫です、と答えて、三十分の面接を何とか乗り切った。震えは最後まで止まらなかったけど、採用されないと困るから必死でした」

家に帰ると布団に倒れ込んだ。体の震えはDV被害が影響していた。

配偶者や恋人からの身体的、心理的、性的な暴力によるDVで、心的外傷後ストレス障害（PTSD）など精神的に影響が表れるケースがある。篤子のように男性を見ると体が震えるという女性も少なくない。

「当時はそばにいる男性がちょっと動いただけで、殴られるのか、と怖かった。面接は個室で店長と二人だけでしょ。これは我慢しなければ、と思っていたものの、途中で震えがきちゃって」

篤子は「あの面接の状態では駄目」とあきらめていたが、一週間後に採用通知が来た。勤務時間は午前十時から午後六時半で時給八百五十円。

真由は四月、鈴木が園長の保育園に運良く入園できた。一歳児クラスで、午後七時までの延長保育だった。

「保育園に娘を送り迎えする時、別れた夫の車と同じ車種を見ただけで、見つかったんじゃないかと思って怖かった。なるべく最初のうちは外を歩きませんでした」

篤子は土曜日も出勤して週六日働くつもりでいたが、思い通りにはいかなかった。

「預け始めたころは、真由がすぐに体調を崩してしまった。働きたくても休みが多くなって、月七、八万円しか収入がなかった」

家賃に保育料、おむつ代など園の雑費を払うと、それだけで収入の大半が消えた。

「仕方なく前のアルバイトでためたお金を取り崩したが、一番抑えたのは食費でした」

月一万円も掛けなかった。篤子が言う。

「真由はまだ小さくてそんなに食べなかったし、保育園に行けば給食もあった。だから私が最低限、空腹を満たせればよかった。カップ麺《めん》とか。食に執着がないから、食べなくても苦にならなかった」

准《じゅん》看講師の資格取りたい

真由が入園した年の秋から、篤子は輸入雑貨店で当初の希望通り週六日、アルバイトができるようになった。

「真由が体調を崩し保育園を休むこともなくなり、やっと落ち着きました」

それでも一日九時間近く働いて、手取りは月約十四万円だった。

家計の一番の出費は月六万円の家賃。

「部屋は母子生活支援施設の紹介で、とにかく自立したいと金額も考えずに借りてしまいました」

ほかに光熱費、保育料、食費、社会保険料などを払っていくと「貯金を取り崩すことはなくなったけど、生活はかつかつでした」と篤子は言う。

保育料は月約六千円で重い負担だった。

「ほかに園に納める雑費が、おむつ代もあったので月三千円ほど掛かった。合わせると一万円近くにもなった」

保育料は前年の世帯所得税額に応じて決まる。厚生労働省は最高月約十万円まで八区分の基準額を設定しているが、地方自治体は独自に軽減した額を徴収している。軽減率は自治体によって異なるため、保育料は地域によって大きな格差が生じる。

節約のため、携帯電話はメールと受信だけ。篤子の昼の弁当は夕食の残りか塩むすび。真由の衣類も買わなかった。

「入園してしばらくは、数少ない手持ちの服を着回していました」

その後、篤子は保育園で月一回あるシングルマザーの会で知り合いができると、服はほとんどもらうようになった。

「年上の子のママが、体が大きくなって、もう着られないからって、持ってきてくれる」

会での母親たちとの交流が役に立った。

篤子は土曜日も真由を預けて働いたが、アルバイト収入には節約の限界があった。

「社会保険分にも手を付けざるを得ませんでした。国民健康保険料は滞納すると、ひとり親家庭医療費の証明書がもらえないので納めていますが、国民年金の方は払っていません」

ひとり親家庭医療費は、収入が決められた所得の制限内なら子どもが十八歳に達した年度までは、親子とも医療費の自己負担分が減免される。

「証明書がないと、それこそ全額自費ですから病院に行けない。貯金を崩せば医療費で消えてしまうので、健康保険料は減額してもらい何とか払っています」

一方、年金保険料の月約一万五千円は滞納だ。

「年金を受け取れる保証もないし、自分の老後は自分で面倒をみればいいかなと思って」

篤子は安定した仕事に就きたくて専門職の資格を取ろうと、支援制度を調べてみた。母子家庭の母親を対象に、市が指定した資格を取得する場合、給付金制度があった。

准看護師を希望する篤子は窓口を訪ねた。

「准看護師の学校は二年間なのに、生活費に使えるお金の支給は二年目だけ。一年目の生活費は全部自分持ち。昼間働けないので実家に助けてもらうか、自分で工面できないと無理なんです」

子育てをしながらのアルバイトで、一年分の生活費をためるには、何年先になるか分からない。

「入学できても、早朝実習とかあって、子どもの送り迎えができず、やめていく人も多いと窓口で言っていました」

篤子は資格の取得をほぼあきらめている。

「いくら自立心があっても、貧弱な公的支援制度では、いつまでもアルバイト生活から抜け出せない」

小学校入学が大きな節目

二〇〇九年夏のことだ。篤子は輸入雑貨店の仕事が忙しく過労で体調を崩してしまい病院に行った。

「店のほかのスタッフが夏休みを取り、一人で切り盛りしてたんです。疲れ果てて食べる気力もなくて。咳《せき》がひどく、背中に激痛が走って眠れず、耐えられなくなって」

医師には「風邪と栄養失調だ。点滴を打つが、二時間かかる」と言われた。仕事帰りだったので「娘のお迎えに間に合わないから帰る」と篤子は点滴を強引に断り、診察だけで保育園に向かった。

「日曜日に再受診して娘を抱っこしながら点滴を受けました。痛みは咳のしすぎの肋《ろっ》間《かん》神経痛で、鎮痛剤をもらい仕事は休まず何とか乗り切りました」

篤子は店に勤めてから、夏休みを一度も取ったことがない。

「保育園は夏休みでも預かってくれるし、お金を稼がないと生活できないので働いている」

真由には、ほかの子どもが遊びに出かける時期に何もしてやれず、申し訳ないと思う。

「夏休みになると、お友達が家族で旅行をしたよとか、遊園地に行ったという話をしても、ずっと休みを取らずに働いているので、どこにも連れて行ってやれない。夏休みの思い出は一つもない」

日曜日は、保育園のシングルマザーの会で仲良くなった母親と、子どもを連れて公園で過ごす。

「お金を掛けられないから公園で遊ばせている。決まった公園だと子どもたちも飽きるので、日により、あっちの公園に行こう、こっちにしよう、と場所を変えている」

時間を惜しんで働く篤子の時給は、八百五十円から九十円上がった。

「仕事ができない人は時給が上がらず辞めていく。仕事をきちんとやり、成果を出さないと続けていくのは難しい」

篤子にはさらに時給アップの話がある。だが心は弾まない。

「時給が上がっても、所得に応じて税金や保育料も上がるから、少しも潤《うるお》わない。頑張った以上に取られるなら、今のままでいい」

真由が入園時に月約六千円だった保育料は三年目の今、一万円を超えた。篤子は

「時給を上げないで」と断ろうとも考えている。

「真由の小学校入学が大きな節目じゃないか、と思っています」

篤子は、アルバイト生活自体がいつまで続けられるのか不安だ。

「保育園は延長保育もあるし、夏休みもなく子どもを預かってくれる。服もほかのお母さんからもらい、お金が掛からない。だから何とか仕事と生活が成り立っている」

真由が小学生になれば、午後六時半まで働く生活は難しい。

「学童保育があるけど、真由の帰宅は早くなり勤務時間を減らさないといけない。夏休みは誰が面倒をみてくれるのか。給料は減り、衣服代など出費はどんどんかさむ。生活は破綻《はたん》しかねない」

それだけに篤子はアルバイトではなく、安定した正社員の仕事に就きたいとの思いは強い。

「接客の仕事は若い時だけの仕事だと思っています。だからもっと安定した仕事が欲しい。子どもが結婚しても一人で生きていきますし、自分の生活費を稼がないといけない。正社員の仕事があればいいですけど、年を取るにつれて門が狭くなっていく。女性は三十歳をすぎるとないですから。よほどの技術を持っていないと無理です。いくつか応募したこともあるけど、子どもがいるということで断られたこともありましたね」

真由との生活はこれからどうなるのか。篤子にも先は見えない。


パート代は一時保育料に消え……


ゆったりとした広い園舎には、園庭に面して園児たちの教室が並ぶ。その中に日中だけ園児以外の子どもを預かる一時保育の部屋もあった。百合（二九）が一時保育の利用で、当時三歳の祐樹と一歳の勇次を連れてやってきたのは、二〇〇七年春のことだ。

「二人目の子どももある程度大きくなってそろそろ再就職をしようと、その年の初めから仕事を探していたんです」

苦労して見つけたのは食品関連の会社のパートだった。勤務時間は午前十時から午後五時で、時給は八百五十円。一方、息子たちの保育料は合わせて一日三千二百円になる。百合の一カ月のパート代はほとんど保育料に消えた。それでも百合がパートの仕事を辞めなかったのは、正社員としての道が開けていたからだ。

「社長さんと、パートでの様子を見て、保育園がきちっと決まったら正社員で採るという話で勤めることができたので」

それにパートでも仕事に就いていないと、入園条件の優先順位が低くなり、その分、子どもたちを保育園に入れるのは難しくなる。

ただ、夫は百合が子どもを預けて再び働きに出ることには反対だった。

「二人の間できちっとした話し合いがあったわけではないんですが、私は当然仕事に復帰できるものと思ってました。ところが夫の方は、それをまったく望んでいないことが分かったんです」

夫の気持ちが分かっても、百合はパートを辞めるつもりも、再就職をあきらめるつもりもなかった。

「子どもはいつか大きくなってしまうんだし、継続して自分のやりたい仕事を持ち続けているのがワークライフバランスにつながると思ってました」

パートの仕事を続ける百合と夫との関係は、溝が深まるばかりで次第にうまくいかなくなった。

「夫は仕事を辞めてくれの一点張りで、話し合いにならない。いつまでも結論を先延ばしにしておくと、ブランクが長くなり早期に再就職ができないと思って、私から離婚の話も進めました」

結局、夫婦の考え方は平行線のままで、年末には夫も同意して協議離婚した。

まだ次に住む場所も見つかっていなかったが、百合は祐樹と勇次を連れて四人で暮らしたアパートを出た。

「不安でしたよ。子どもが小さかったから、私一人の稼ぎでこの先二人を育てていけるのか」

真冬、家を出た母子三人に「助け船」を出してくれたのは、仲の良かった祐樹の友達の母親だった。

「大きな家なので、新しいアパートが決まるまで使っていない一室を貸してもらって、仮住まいさせてもらいました。そこは夫婦共働きだったので、部屋を借りていた間は、私が台所を切り盛りして料理をつくってました」

二週間後、パート先の社長が紹介してくれたアパートに引っ越した。家賃は五万五千円。

「突然の出費だったので引っ越しの費用の二十万円は母が持ってくれました」

それまでは夫の給料で十分に生活できていたので、家計を気にせず百合は毎月のパート代を一時保育につぎ込むことができた。だが離婚後はパートの収入だけでは生活が成り立たないので、やむなく貯金を取り崩して生活費に充《あ》てた。

自分で選んだ自立の道とはいえ、二人の息子を抱えての生活は経済的には一変した。

子どもの一時保育料を払いながら、貯金頼みの生活を続けていくわけにはいかなかった。

幸いしばらくして百合は、パートから正社員になることができた。当初は保育園の入園が正式に決まってからという話だったが、社長夫婦が家庭の事情にも配慮してくれた。百合の持つ「食」に関わる資格を活《い》かせる職場だった。

「私と同世代の娘さんがいて共働きで子育てをしていたので、社長夫妻も親身に応援してくれて」

正社員となったことや母子家庭ということで、保育園の入園条件の優先順位も高くなった。

「二次締め切りでしたけど、息子たちの四月入園が決まりました」

百合の収入は手取りで月十八万円だった。

「お給料だけで生活していこうとすると厳しかった。貯金と母子手当が受給できたので、いざというときはそこから出しました」

当時は児童手当と児童扶養手当が四カ月ごとに合わせて約十八万円支給された。入園した二人の息子の保育料も、対象となる前年の所得が百合のパート代だけだったので免除された。

「子どももまだ小さくそんなに食べなかったですし、衣服も私の親戚《しんせき》の子どものおさがりをたくさんもらうことができました」

百合は念願の正社員としての再就職も果たし、仕事に打ち込んでいった。

文化・娯楽費はゼロ

百合が任されたのは会社の新規部門の仕事だった。飲食関係の商品開発を一人で担当した。終業時間はパートの時より一時間遅く午後六時だったが、定時に帰る社員は誰もいなかった。

「みんな八時ごろまで残業をしてました。社員は四、五十代の男性と二十代の未婚女性がほとんどだったので、それが当たり前という雰囲気でした」

百合は延長保育の祐樹と勇次を七時までには迎えにいかないといけなかった。残業の社員の目を気にしながら、迎えに間に合うように保育園に急いだ。

仕事は順調で成果も上がり、やりがいもあった。だが子育てとの両立は、覚悟はしていたが大変だった。

「自分の仕事はこなして、育児をしていない人と同じぐらいの労働力は提供したし、成果も上げました。やりがいもありましたから、もっと仕事もしたかったんです。でも子育てをしながらの生活なので、家事もおろそかにしないで仕事と両立となると、本当に時間がない。恐ろしいほど時間に追われる生活になってしまって」

朝はまるで戦場のような忙しさだった。

「朝食と片付けと洗濯、保育園の支度、できれば夕食の支度までしないといけない時間帯なので、子どもをトイレに行かせて、食べさせてなんて世話をしていられない。ばたばた慌《あわ》てて、自分でやりなさい、早くやりなさい、と毎朝二、三十回は言っていました。私のいら立ちが伝わるのか、子どもも落ち着かずしょっちゅう具合を悪くしてました」

仕事と時間に追われ子どもと過ごすゆとりがどんどんなくなっていく生活に、百合はこのままの子育てでいいのか疑問を持つようになる。

「上の子の身体検査の書類に何がいつできるようになったか、記入する機会があったんです。全然分からない。成長をしている過程を私の目で見たことが少ない。下の子なんかいつおむつが取れたのか、保育園でやってもらったので覚えてない。言葉を話し始めたのも保育園の先生が先に聞いている」

早朝や深夜の会議、土日出勤の時は、祐樹と勇次は離婚直後に部屋を貸してくれた仲良しの母親に預かってもらっていた。この母親の手助けがあったおかげで、百合は何とか仕事と子育ての両立ができた。

「でも私が保育園に迎えに行っても子どもたちは喜ばないし、帰ろうとしないのに、私が行けず、そのお母さんに頼むと『わーい、マミーさん』って下の子がひっつくんです。小さい子は一緒に長い時間いる人になつくもので、それがすごいショックで、本当に仕事を続けていていいのかと考えるようになりましたね」

　仕事がうまくいかないと、時には子どもたちに激しく八つ当たりするようになった。

「仕事のストレスの発散場所が家庭になってしまい、子どもに当たってしまう。叱《しか》るのを超えて、自分の怒りのはけ口みたいにエスカレートして子どもを怒鳴っているときもあったようで、そんなに怒らなくてもいいのに、と母に止められたこともありました」

　入社二年目に入ると、手取りは月二十万円に増えたが、免除されていた保育料が二人で月約七千円かかるようになり、雑費を入れると一万三千円の出費となった。通勤や保育園の送迎に車を購入、新たに月額一万二千円の駐車場も借りた。

「何とか生活はしていけましたが、厳しい経済状況でした。文化・娯楽費は、私に時間がないこともあってゼロなんです。ですから、たまに家族でどこかに出かけようとなると、家計にゆとりはない。夏休みにお友達の家族に海に連れて行ってもらった時とかは、出費が大きいのでその後が厳しくなる。服とかもこれが欲しいとか言われても、すぐには買ってやれなくてかわいそうだな、もうちょっとお金に余裕があればな、と思いましたね」

百合にはクリスマスプレゼントで、忘れられない思い出があった。息子の友達が、流行のおもちゃのロボットを買ってもらった。

「同じものが欲しいと言うんです。値段が高くて私には買えないので、ママは買えないからパパに買ってもらって、と言ったことがあるんです。あまり頼りたくはなかったんですけど、その時ばかりは仕方なかったですね」

仕事を辞め子どもとの生活選ぶ

仕事が順調だった百合の職場にも不況が影を落とし始めた。リーマンショック後の消費の冷え込みで、会社の経営環境は厳しくなっていた。人員削減も始まり、パート従業員が減ったうえに、百合の上司も四人が職場を去った。

「四人分の仕事が私にのしかかったわけじゃないですけど、二人分ぐらいの仕事が増えた感じで、さすがに私の手に負えなくなったんです」

それまで育児の面で協力をしてくれていた社長からは、勤務時間を一時間延ばせないか打診があった。

「七時すぎまで働いてくれないかと言われました。子どもたちはもっと遅くまで預かってくれる保育園があるから、そっちに転園してくれと。子どもにとって一日十一時間もいる生活の場所を変えることは、相当な負担なんです。子どもと生活していないと分かりませんが、小さい子にとって、生活の場が変わることはすごいストレスで体調を崩しますし」

百合はゆとりのない息子たちとの生活を考えて、これ以上子育ての時間を削ることはできないと、勤務の延長を断った。

それから約一年後、入社三年目の六月、仕事か子育てかで悩み揺れ動いていた百合は会社を辞めた。勤務時間の延長を断ってからは、人間関係がぎくしゃくしたことや、百合の担当の事業も不況のあおりで業績が思わしくなく、社長と意見が合わないことが多かった。だが退社を決意した最も大きな理由は、祐樹と勇次、二人の息子との生活だった。

「子どもを十一時間も保育園に預けて、子どもの今しかない成長が一日二、三時間しか見られないことが、この子たちにとってどうなのかなと。私が年をとった時に育児の面で後悔するんじゃないか、という思いがどんどん強くなりまして。仕事はまた就くことができますけど、子どもの成長は後になってからまた、というわけにはいかないでしょ。泣く泣く仕事を辞めました」

次の仕事先は決まっていなかった。だからといって、すぐに百合は職探しにも動かなかった。貯金で何とかやっていけるという見通しを立て、しばらくは息子たちとできるだけ一緒の時間を過ごすことにした。

「子どもって正直で、精神的に不安だとすぐ熱を出すのに、それがなくなって。子ども自身も大きくなって抵抗力がついたというのもありますけど、私に余裕ができて家もきれいな状態にしていられるので、落ち着いた環境で安心して過ごせる。子どもが疲れていない、具合が悪くないというのが一番。家が、みんなが楽しく生活できる心温まる居場所になりました。大切なのは仕事じゃなくて子どもなんだ、と気付いてほんの数カ月ですけど、私自身すごく変わったんです」

いつも時間に追い立てられた生活からは解放されたが、百合が働かなければ生活が立ちゆかない現実があった。失業状態のままでは、子どもたちの次年度の保育継続も難しくなる。

百合は新たにパートの仕事に就く準備はしていたが、とても生活をカバーしていける収入ではなかった。

「たまたまだったんですけど、私一人で生活費のすべてを稼がなくてもいい状況が生まれていたんです」

そのころ百合には人生の新しいパートナーができた。

「その人と一緒に住もうと話が決まったんです。もしパートナーの存在がなければ、正直言って、より子育ての条件がいい就職先が見つからないうちは、会社を辞めず我慢するしかなかったでしょうね」

親の収入格差が入園を左右

二〇一一年が明けた冬の保育園の一室。

園長の鈴木智子に話を聞いてもらいたいと、出勤前に母子家庭の母親が相談にきた。

「先生、息子が『ママ、小学生になったらアルバイトしていいかな。僕も仕事をしてママを助けたいんだよ』って言うんです。『駄目なんだよ、小学生や中学生はできないの、高校生になったら少しぐらいいいのかな』と答えておきましたけど」

母親は鈴木に訴えた。

苦しい生活の中、母親は少しでも多くの収入を得ようと、子どもを友達に預けて、土曜、日曜出勤もいとわなかった。

「親として、子どもにこんなことを言わせてしまうのがつらい」

鈴木の前で母親は泣いた。

「やさしい子どもだから、苦労するお母さんを見て、助けたくて言ったのよ。お母さん、自分を責めないで」

鈴木は励ました。

約四十年間、保育の現場を見てきた鈴木は、「子どもの貧困は表面的には見えにくい」と言う。親が保育園を頼って相談に来る関係は、子どもの貧困問題を考える上でも、大事なことだと話す。

「親を見ていると、外見はみんなさして変わらない。オシャレな洋服を着て携帯も持っているし、車も持っている。でも生活をどうしようか悩んでいる。そういうことは打ち明けにくい、自分だけだと思っているから。今の若い人はみんなで助け合ってやっていくとか、本当につらい時にみんなに考えてもらう経験がないでしょ。このお母さんのように、保育園に相談に来てくれるから、シングルマザーが子どもを育てる生活の厳しさが、私たちにも分かる」

リストラや長時間勤務、不安定な非正規労働と、親の職場環境は大きく変わった。仕事に疲れ、生活に追われ、その不満やいら立ちを保育園にぶつける親もいる。

「そんな親たちに、この保育園なら自分たちの問題も安心して話せる場所なんだ、と思ってもらえれば、表面上は見えない家庭の抱える本当の困難が親の話から見えてくる。それにはまず、保育園が子どもにとって安全で安心できるところ、という信頼関係が基礎にないと駄目です」

保育園では保育に生かすため、一人一人の子どもについて、どんな小さな変化でも担任から報告があり、職員会議で共有される。

「子どもが荒れたり、担任から片時も離れないのは、親が問題を抱えて子どもに向き合えていないとき。私たちは『どうしたのかな』と子どもを受け止めようとするけれど、子どもは文章を書けるわけじゃないし、自分の思いを整理して表現できないから、全身で嫌だとかこうしてほしいと、試し行動という形で表す」

親が家庭状況について話してくれるようになれば、子どもの行動の背景はより見えやすくなる。

「子どもは、私たちや担任の先生が話を聞いてくれた、この人は自分のことを分かろうとしてくれる人だ、と思えると、関わりを積み重ねていく中で、不思議とそれまで出していた試し行動がなくなってくる」

だが一方で鈴木は、保育の現場にできる親への支援の限界も痛感している。

「親が自立的に生きていくための手段や方法を提供できればいいが、やれることは少ない」

鈴木はある若い母親の話を思い浮かべた。

「子どもを元の夫に預けて夜、パブに勤めていたんです。閉店後もお客と付き合う。それが仕事だと言うの。付き合いが終わり帰ってくると、朝の六時ごろになる。そのまま寝てしまうので、昼ごろになって『先生、今から子どもを連れていっていい』って電話を掛けてくるから、いいよって」

そんな不規則な生活が続いたので、鈴木はこの母親に子どものために昼の仕事に変われないかと聞いてみた。

「パブは給料が日払いなので、それで何とか生活していけている。先生、私、中卒なの、何の資格もないの、それでも昼の仕事で雇ってくれるところがあるの？」

鈴木は言葉に窮した。結局、母親は子どもを元の夫の元に残したままどこかに行ってしまった。

「保育園にさえ来ることができれば、子どもは何とか救うことができる」という鈴木は、リーマンショック以降、急速に社会問題化した待機児童の問題が気がかりだ。親の所得格差の拡大で、経済的に苦しい家庭の子どもの入園が年々狭き門になっている。

「夫婦合わせて所得が八百万円とか一千万円とかになりそうな人はいっぱいいる。今、保育園に入るのは基準に従って付けられた点数で決まる。経済的に苦しいので、これから働いて何とかしようという人は点数が低いから、本当に入れない。今回も入園できている人は、育児休業明けの正社員が多い。預けられないから働けない、預けて働かないとどうにもならない、そういう人は入れていない」

親の就労や病気といった認可保育所への入所要件を満たしているのに、定員超過などで入所できない待機児童は、入所が難しい年度途中に増加する傾向があり、毎年十月には四万人前後まで増える。

必要な子どもに保育の手が届かない待機児童の解消は最優先だと言う。

鈴木は入園式で、親たちにいつもこう呼び掛けている。

「保護者のみなさん良かったね、子どもさんが保育園に入れて。困ったことはいっぱい出てきます。でも私たちも、どんな応援ができるのか、いつもみなさんと一緒に考えていこうと思っています。子どもたちも親が仕事をしているから預けられた、そういう場所じゃなく、親が仕事をしていたからこんなに楽しい毎日があった、そういう保育園の生活を子どもたちにさせたいと思っています」

識者インタビュー

生活弱者に配慮した公平な保育制度を

福島大学教授　大宮勇雄《いさお》さん

大宮勇雄さんの専門は幼児教育だ。子どもが豊かに育つ保育とはどうあるべきか「保育の質」をテーマに研究を続けている。対象は日本だけでなく、他の先進国との国際比較にも取り組む。著書に『保育の質を高める』（ひとなる書房）などがある。

一方、長年民間の保育団体の運動に関わり、保育現場の事情にも詳しい。日本の保育制度はいま大きな岐路に立つ。国、自治体が法的に責任を負う公的保育から、市場原理への制度転換だ。大宮さんは「生活弱者に配慮を手厚くした公平な保育制度をつくる必要があるのに、国の考える市場化はコスト論が先立ち保育の質の議論が抜け落ちている」と批判。「市場化は子どもの格差を助長するだけだ」と唱える。

――ルポに登場した保育所があるのは、特別に生活困難な家庭が多い地域ではありません。保育の現場で子どもの貧困は広がっていると感じますか。

一九九〇年代から、コミュニケーションがうまく取れない、みんなと一緒にやるのがいろいろな意味で難しい、いろいろなことが身についていないので、みんなの中に入っていくのに気後れしたり、逆に乱暴な行動が多く目が離せなかったり、これまでとかなり違ったタイプの子どもが増えて、保育現場は大変だという報告がずいぶん出されています。一つは虐待《ぎゃくたい》に近いような形で放置されてきた子どもたちが、そういう現象として現れているのではないか、ともいわれています。貧困をどう定義するかに関わると思いますが、いわゆる家庭の経済的な窮迫、それだけではない文化的な貧困も含めて、家庭の格差が子どもの中に現れてきた問題として、こうした気になる行動をとらえ直す必要があると思います。そして近年では、保育の現場で、子どもの貧困がはっきりと目に見える形で大きな問題となっていることは間違いありません。保育所は親の就労状況がよく分かります。失業の問題とかシングルの家庭が非常に増えていることとか、今は当たり前の問題としていわれていますから。

――ルポの保育所ではシングルマザーの会をつくるなど、子どもだけでなく家庭環境の厳しい親の支援にも力を入れています。親も含めた生活支援の増大は、現場の大きな負担になっているのでは。

保育所に今、求められているのは、不安定な就労の中で親を励ましていく生活全体にわたる支援だということです。家庭生活や子育てに関する支援のみならず、例えば就学援助や就労支援など社会的資源の活用のアドバイス、親自身が精神面やコミュニケーション面での悩みや問題を抱えている場合の専門的な支援など、広範な支援へのニーズが高まっています。そうした点から見て、保育所の機能が一般的な意味での子育て支援や相談というだけでなく、ソーシャルワーカーや心理職など多様な分野の専門家との協働が、どうしても必要となっているのではないかと思います。

最近よく紹介されるようになったイギリスなどの貧困に対する取り組みの中では、「ワンストップサービス」というか、すべての家庭のニーズを受け止められるように、食事はどうやってつくるのかとか、就労のためのスキルを身につけるとか、多様なプログラムを用意して、保育所というより生活支援の総合的な地域センターとして位置付けています。日本でも生活支援の拠点として保育所の機能をどう総合化していくのか、保育所の制度設計の在り方を考えるべきだと思います。

――保育所に子どもを預けたくても数が足りず、都市部を中心に入所待ちの待機児童が大きな社会問題となっています。子育て支援を受けたくても受けられない家庭は、社会の目が届かなくなり、子どもへの虐待なども心配されます。保育所の生活支援機能が強化されても、保育所の数が増えなければ、待機児童問題は解消されず、必要な家庭が利用できずに孤立してしまうのでは困ります。

国はいま「子ども・子育て新システム」というまったく新しい制度を、保育の現場に導入しようと推し進めています。

――国は現行の幼稚園と保育所に分かれた制度を一本化し、新たに創設する「総合こども園」に移行させることで、行政上の幼保一元化と受け入れ児の量的拡大を図る構想ですね。

新システムが真に目指しているのは、これまでの制度原理を転換するということです。つまり国と自治体の責任で保育を実施するという児童福祉法二十四条に掲げている基本原理――そこには、自治体は保育に欠ける子どもがいたら保育所に入所させて保育を実施させなくてはならないと明記してあります。これは、保育所の運営費も国と自治体が裏付けし、家庭の経済事情によらず誰もが保育所を利用できるようにすることを原理としているという意味で「公的制度」といえます――を解体する。そして、保育を個人契約というか市場原理、一般的な商品やサービスの売買契約と同じようなものとし、国や自治体は利用を補助する役割でいいという非常に限定的な関与にするのが、この新システムの本質です。自治体が責任を持たずに、民間、とりわけ営利的な事業としての保育サービスの増加というものを期待しています。保育サービスを購入するのは親の選択で、あとは自己責任というわけです。ですが、この新システムが待機児童の解決に本当に有効かどうかは、必ずしも検証されていません。

——国や自治体は保育所を増やす予算がないので、市場原理の導入で民間事業者に参入してもらい、一気に待機児童の問題も解決しようという狙《ねら》いですか。

市場原理が導入されると、待機児童という概念自体がなくなってしまいます。今は国や自治体が保育を実施しないといけない責任が法的に明確なので、自治体を通じて入所契約が成り立っています。申し込みがあっても入所できない待機児童数はすぐ把握できますが、新システムでは契約は保護者が直接保育所に行って入所の契約は成立します。そうなると待機児童の数の掌握もできないし、自治体にもする責任もないというか、責任自体が解消されてしまいます。

厚生労働省は、いまの制度だと待機児童は解消できないと批判しています。自治体行政に責任を負わせているから駄目なんだ、民間に任せればスピーディーに保育所が増えるのだと、企業参入をバラ色に描いています。しかし、これは国と自治体に責任を持たせている今の制度を変えたいがための議論です。行政がやる気になれば公費で保育所の増設や無認可保育所への支援をやれないはずがない。小学校は待機児童がいないじゃないですか。保育所は土地を確保するのが大変だとか、少子化が進めば必要なくなるからとか、いろんな理由付けを持ち出しますが、小学校でも同じような問題があるんです。だけどやらないといけないと思うからつくるわけです。厚労省は待機児童解消を名目にしていますが、新システム導入の本当の目的は保育の市場化です。企業が参入すれば待機児童問題を解決できるといいますが、儲《もう》けが見込める範囲でしか参入しないでしょう。大きな投資が必要な新設園ではなく、既存のビルや民家を利用した施設の設備が整っていないところへの参入が少し増えるだけで、子どもの幸せを第一に考えない営利的な事業者が大量に増えたら、深刻な問題が起こってしまいます。

――子どもを預けられずに仕事に就けない親や、職場復帰できない親は、悠長に待っている時間がありません。民間の事業者が参入するのは問題ですか。

今回の新システムの議論の一番の問題は、守るべき保育の質とは何かという肝心の議論がないことです。厚労省は質の確保された保育を全《すべ》ての子どもにという看板を掲げていますが、看板倒れです。欧米諸国では今、保育の質へ政府自身が強い関心を持っていて、保育の質についての様々な研究報告をもとにデータベースを作り、何を改善しなくてはならないかを分析しています。日本ではそうした努力がまったくなされていない。保育所のコストが高いと言っている人たちは、いまの公的制度が必要だというがもっと企業は安くやっているじゃないかと、どうしてそれじゃ駄目なのかという議論に終始しています。コスト論は保育の質とセットでなされるべきなのに、単純にコストが高いか低いかという低次元の議論になっています。

――保育の質の議論が抜け落ちていると言われますが、「保育の質」とは何を指すのでしょうか。

保育の質という言葉が使われるようになったのはここ十年くらいです。欧米では二十年以上にわたる研究・実践の蓄積のある概念で、ごく大まかに言うと、次の三つの要素から成り立っている点は、共通の認識・合意があります。

一つ目は「プロセスの質」で、日々保育所・室の中で行われている実践的な営みを指すもので、これが直接的に子どもの成長に影響を及ぼすといわれます。その中身は実に多様なものが含まれていますが、最も中心的な要素としては、保育士と子どもとの温かで人間的な関係の質が、共通して挙げられています。その中には、子どもの成長に向けての積極的な働きかけも含まれていますが、何よりも子どもにとって安心でき、笑顔が絶えない日々が、とても大きな影響をもたらすと指摘されています。対照的に、どんな保育内容やカリキュラムでやるべきか、ということについては、一致した結論はありません。どちらかというと、教え、与えるスタイルよりも、子どもの自発性や遊びを尊重するスタイルの方が、長期的には健全な成長に寄与する面が大きいというのが、私が見る限りでの今日的な結論です。

二つ目は「構造の質」で、制度や政策によって条件付けられているハード面の要素です。これは、プロセスの質に密接に関係するもので、子どもの成長に間接的に影響するものとして重視されています。保育士一人当たりの受け持ち人数、一クラスの人数の上限、保育士の資格や訓練のレベルの三つがとりわけ重要だとされています。

三つ目は「労働環境の質」です。保育所で働く大人たちの労働環境もまた、プロセスの質に間接的に影響をもたらす重要な問題です。処遇のレベルはもちろんですが、最も重視されているのが大人の「やりがい感」やストレスの問題です。アメリカでは「保育士の離職率」が、その保育所の保育の質をもっともよく示す指標として用いられています。若い保育士が大多数で、次々に保育士が入れ替わる保育所というのは、やはりそのプロセスの質にも問題があることが多いというわけです。

さらに付け加えれば、その社会の価値観や理念の問題も、保育の質の問題としてもっと考慮されるべきでしょう。スウェーデンなど北欧の国は、単に児童福祉だから保育のお金を充実させます、というような浅い議論ではなくて、民主主義とか、自己に対する尊重感とか、文化的な多様性の尊重とか、どんな人間、どんな社会をつくるために保育はあるのか、などの価値観レベルの議論があります。次世代の子どもをどう育てるかという議論が本当に国民の問題となっている感じがします。

——新システムに移行した場合、保育の質の確保は大丈夫ですか。

日本の保育現場の状況から言うと、親を支えるのも大変、子どもを育てるのも大変という中で、保育所がかなり疲弊しているのが現実です。保育所が疲弊しているということは、子どもにとって必ずしも適切な保育が受けられていないことになります。保育士自身がダメージを受けます。自分がいくら努力しても子どもが育たない、自分は駄目なんじゃないかといった疲弊感があります。だから保育の質を確保するには、まず現行の保育条件の改善が先です。一例を挙げると、三歳児以上のクラスは人数が多いので変えないといけない。欧米だと三歳児以上を一人の保育士が十人もみているような基準の国はありません。日本は一クラスが二十人とか三十人とかですから、人件費の抑制どころか正規の保育士の数を増やす必要があります。

新システムになると、保育所の経営がこれまで以上に厳しくなるのは目に見えています。保育時間の長さで補助金の額が上下する仕組みが導入されるからです。保護者がパートで働いている場合には短時間保育という認定がなされ、フルタイムで働いている場合よりも補助金の単価が抑制されることになります。現行では時間で区別なく、子ども一人に対して同じ補助金が出ているのに比べて、保育所はかなりの収入減になると思われます。ぎりぎりの時間分しか補助しないという制度になると、保育所として人件費を抑制しなければならなくなるでしょう。非正規雇用を増やさざるを得ず、保育士が経験を積み上げていくのが難しくなるでしょう。長い目で見ると保育の質に大きな打撃を与えることになります。

――新システムでは、現在の親の経済状態に合わせて保育料を払う応能負担から、お金に見合った保育の内容を選んでその分を払う応益負担になるのでしょうか。

現在の保育料は家庭の所得に応じた料金設定になっていますが、「子ども・子育て新システム」では、保護者が一日何時間働いているか労働時間に応じて、三段階に分けて子どもが受けることのできる保育時間が決められます。その範囲内については、家庭の収入に応じた保育料を支払うようになります。「家庭の収入に応じた」保育料ということでは現在の保育料徴収の考えを取り入れているわけです。

しかし、よく見てみると、認定された時間を超えて利用した分は、全額自己負担になってしまう点、さらに保育料を一定の範囲で保育所ごとに自由に設定できるようになる点が大きく違っています。基本的な考え方が変わるのです。制度導入直後は現状と変わらない負担でしょうが、徐々に親の負担が増えていく、そしてもっといい保育が必要なら保育料の高い所を選びなさい、となっていってしまうということです。保育料が高いために利用しにくくなる家庭が増えたり、保育所の側で経済的に苦しい家庭を敬遠したりする事例が増えるのではないかと懸念《けねん》されます。

――親の経済力の格差が、子どもの保育内容に反映される心配はありませんか。

親の経済格差だけでなく、保育の内容にも格差が生まれ、子どもの中に二重の格差ができてしまいます。保育所も階層化するでしょう。この保育所は裕福な階層の子どもたち、こっちは厳しい生活状況の子どもたち、と保育所が分かれていきます。実際にアメリカのような市場原理で保育がされている社会はどこでもそうなっています。

――市場原理が導入されると、経済効率が重視されるのでしょうか。

経済効率を優先させて保育をするというのは、時間を節約するという発想になっていきます。一人一人の子どもは違うのだというところから出発するのではなく、保育のマニュアル化が非常に進み、子どもの側からすると標準化されてしまう。手順が標準化されることで保育士の作業を効率化させ、しかも資格とか経験に頼らない保育ができるというのが企業的な考えですが、結局、子どもを標準的なものとして扱っていくことになるのは必然的だと思います。そうなると、弱い立場の子どもたちはますます排除されてしまいます。形式的には保育として受け入れられても、心から受容される関係にはなりません。経済効率と人間が人間らしく育っていくのは、両立しがたいところがすごくあると思います。

——保育所は人件費の抑制で非正規の保育士の比率が高くなっていますが、新システムではさらに非正規化が進むのでは。

市場化によって保育士の人件費をどう抑えるかという圧力が強まって、結局は非正規化とか、パート化とか時間単位の労働という発想に陥り、子ども一人一人の視点から安心して過ごせる生活、思う存分力を発揮して遊べる環境をつくること、そういう根本のところが脅《おびや》かされていきかねません。保育の市場化によって、継続的で、積極的に働きかけるという面が保育から失われていくと、ＯＥＣＤの報告書の中でも指摘されています。保育士と子どもの人間関係の継続性とか、安定性とかがなければ、子どもを理解することも計画的に育てることもできないはずです。

——欧米の先進国では、生活が困難な家庭への保育の支援は、どのように行われているのか教えてください。

欧米では家庭の生活支援と、子どもたちに質のよい保育を提供する総合的な対策を取ることで、子どもたちの「未来」が大きく改善されることが実証されています。世界的に最も知られているのは、アメリカのペリー・プレスクール・プロジェクトです。乳幼児期に質のよい保育を無償で受けた子どもたちは、同じ家庭環境で保育を受けられなかった子どもたちに比べて、進学や就職や社会的な適応などの点で劇的な改善がみられ、その経済的な効果は、無償で保育を提供するのに必要な費用の数倍にもなる。弱い立場の子どもたちに投資をするということが、社会全体として利益につながるという結果は非常に説得力があります。アメリカは、連邦政府はほとんど保育制度の確立に関与せず、市場任せにしている国ですが、この研究をきっかけに連邦議会でも公的整備を求める積極的な議論が巻き起こり、補助金の拡充が進みました。とはいえ、残念ながら市場原理をさらに推し進めるための親向けの補助金やバウチャーの拡充に終わっています。それでも、州政府レベルでは保育の質の向上や無償化に向けて積極的な施策を打ち出すところが急速に広がりました。

ヨーロッパはさらに進んでいて、保育料無償が大きな流れになっています。すべてを無償にしているわけではないけれど、就学前の二年間を無償にするのが標準だとOECDの報告書には書かれています。欧米で公的保育の議論が広がっている一つの大きな要因は、子どもの貧困をなくすという人権意識です。子どもはどういう家庭に生まれてくるか選べないから、子ども時代に格差が生まれるのは非常に不公平で、それをどうやってなくすか。親の就労の後押しも含めて生活支援をしつつ、子どもの成育環境に必要なものがきちっと選べる「公正さの正義」の実現といってもいい感覚が背景にあります。それを実現するには保育料を無償にして、誰もが受けられるようにすべきだという考えです。

——日本はＯＥＣＤの調査では、教育機関への公的支出の割合が加盟国の中で最低ランクです。特に就学前は低い数字になっています。社会として乳幼児期の人格形成を軽視する考えが根強いのでしょうか。

子ども時代の重要さがまだまだ認識されていません。乳幼児期より小学校の方が大事、小学校より中学校の方が大事、中学校より高校の方が大事、結局は大人が一番大事であるかのような錯覚が支配しています。小さい時の子どもたちはたいしたことを学んでいないと、きわめて乳幼児期の育ちの意味が軽んじられている。早期教育がブームとなっていますが、小学校の勉強に直接つながる準備的な教育にしか目が向いていない。遊びや生活そのものの大事さが見失われてきています。

行政の中では、子育ては私事だと、家庭の自己責任だという伝統的な考え方が復活、強化されているのではないか。子育ては行政の責任ではないという感覚が、国を先頭にして広がってきた流れがあります。子ども時代の価値というものを低くしかみていない。それは社会全体の問題で、そこを変えていかないといけません。

——若い世代は非正規雇用が当たり前になり、一人親家庭も増えており、不安定な生活の中で子育てを余儀なくされています。保育現場にはこれまで以上に家庭への生活

支援が必要とされますが、国が「子ども・子育て新システム」で保育に求めている役割は何ですか。

一つは、保育所や幼稚園は、その上の所にある要求に応《こた》えるのが機能なのだと。学校教育、つまり小学校に行って順応できる子どもを育てなさいと。それが幼児期における保育所の役割なのですよ、ということです。もう一つは、企業にとっての労働力確保という機能を果たすのが保育なのだと。保育の役割が当の子どもや母親や家庭のニーズから始まるのではなくて、効率よく子どもを学校に順応させて、いかに女性の労働力を確保するかという発想がますます強まっています。母親が子育て支援に何を求めているのか考えていくと、もっと様々なプログラムを豊かに用意しなければならないのに、そうはなっていません。弱者への配慮を強化した公平な保育制度をつくる必要がありますが、国は親の経済力に応じた保育でかまわないという考え方に立っています。

――それでは子どもたちは、人生のスタートラインに立った時から差がついてしまいませんか。

子ども時代の貧困は永続的なダメージを与えて、大人になってもいろいろな問題が残り、社会にとって大きなマイナスとなります。ですから新システムが目指す市場化の方向ではなく、国と自治体の責任ですべての子どもたちに無償で質の良い保育を提供することが、子どもたちの未来に道を開き、結局は社会全体の利益につながるのです。

【文庫版追記】
民主党政権の「子ども・子育て新システム」は、その後自民、公明、民主による三党合意での修正を経て、自公政権では「子ども・子育て支援新制度」として、二〇一五年四月からスタートした。

あとがき

本書は二〇一〇年四月から一一年二月まで、共同通信社が配信した長期連載企画「ルポ　子どもの貧困」を大幅に加筆、修正したうえで、各章の末尾に専門家へのインタビューを加えた。

新聞連載中は、雇用、福祉、医療、教育などあらゆる分野で噴き出した貧困問題に、社会全体で取り組んでいこう、という気運が高まっていた。だが、配信を終えた直後の三月十一日に東日本大震災が起き、状況は一変した。地震と津波に加えて、原発事故が重なった巨大複合災害に「未曾有《みぞう》の災害」と、社会の目は被災地の惨状に釘付《くぎ》けになり、貧困問題が脇《わき》に追いやられてしまった感は否《いな》めない。しかし、被災地の復興に携わる人々からも「お金のある人はいち早く立ち直り、苦しい人は支援が届かずに放置されている」という声が聞こえてくる。その一番の犠牲となるのは子どもだ。

大震災から一年が経《た》とうとするころから、被災地以外でも陰に隠れていた貧困問題が再びクローズアップされてきた。一二年二月、東京都立川市のマンションの一室で、母親が病死し、知的障害のある四歳の男の子が、一人では食事ができず衰弱死する痛ましい事件が起きた。男の子の胃は空っぽで、体重はわずか九キロと四歳男児の平均体重の一六・四キロを大きく下回っていた。その前後には誰にも気づかれぬまま、家族で餓死、病死、凍死する事件が相次ぎ、あっという間に「孤立死」という言葉が社会に定着してしまった。

二件の孤立死が続いた立川市の市長が、テレビで「もしかしたら行政が少しお節介だといわれるぐらいの形で踏み込んでいかざるを得ない」と話す映像が流れた。第三章に登場したシングルマザーの恵も「最初は、保健室の先生がどうしてうちに入ってくるのか、強引だなあ、と思ったんですよ。でも、今、考えたら、ありがたいお節介でしたね。生活保護の手続きとかいろいろやってもらって。私、人間関係が苦手だから、慣れるまではうっとうしかったけど」と話していた。

行政は「プライバシー」や「個人情報保護」を理由にして積極的な介入を控えるケースが多い。地域の絆《きずな》も断たれ、近所の人も二の足を踏んでしまう現実がある。貧困による悲劇をこれ以上生み出さないためにも、日本には、いい意味での「お節介」がもっと必要なのではないか。

教育現場での取材を通して、私たちが最も痛切に感じたのは「貧困の連鎖」の広がりだ。親に経済力がなければ、子どもは人生のスタートラインから差がつき、将来も生活に苦しむという貧困の連鎖が起こりがちだ。これを断ち切らなければ、日本の未来はない。その連鎖から脱け出し、子どもたちが自らの力で将来を切り開くために今、最も必要とされるのは教育の保障だ。

第一章「お金なくても学びたい」には、特にその思いを込めた。「高校だけは何とか出ておきたい」という定時制高校生たちの切実な望みは、取材するたびにひしひしと感じた。高校無償化で中退者が減ったというニュースを聞いた時、小さな一歩だが「ああ、世の中が一つ前に進んだ」とうれしかった。それが後退することがないよう、今後も取材現場で見守っていきたい。

第二章では、公立中学を舞台に貧困問題と正面から向き合い、地域に根差した実践を積み重ねながら奮闘している人々の姿を描いた。現実はそう簡単には変わらないが、それでもあきらめず、学校を貧困の連鎖を断ち切る拠点にしようと努力を続ける教師たちに、一筋の希望の光を見る思いがした。

第三章の「保健室からのＳＯＳ」では、取材の傍ら、養護教諭と一緒に、さまざまな悩みを抱えた家庭の小学生に漢字や計算を教えている時、「こんなことが子どもの抱える問題解決にどれほど役立つのか」という疑問が頭をよぎった。しかし、分からなかったことが分かるようになった時の子どもの笑顔は何物にも替え難かった。定時制の高校生たちも、根気強く小学校の算数からやり直して学ぶ喜びを知り、力を付けていた。それを思い出して、「今、この子の勉強の手助けをすることが、将来への積み重ねになるのかもしれない」と考え直した。

第四章の保育の現場では、日本の社会の子ども観がいかに貧困かを痛感させられた。政治家は事あるごとに「次世代のため」と、子どもたちの将来を見据えているかのようにこの言葉を多用するが、保育の現場を見ればそれがいかに絵空事か分かる。格差社会が拡大する中で、幼い子どもほど子育て支援がないがしろにされているのだ。少子化に歯止めが掛からず社会が衰退していくのは、当然ともいえる。日本の再生を考えるなら、まず保育からである。

まさに走りながら考える取材だった。

本書の主な登場人物のその後を少しだけ記しておく。第一章に登場した定時制高校生たちは、それぞれの道を歩んでいる。陽子と健吾、早紀は何度も留年や中退の危機に遭いながらも、生徒指導担当教諭の藤井に支えられ、何とか無事に高校を卒業した。明るい笑顔が持ち前の陽子は、将来の大学進学を夢見つつ、アルバイトに励んでいる。

ただ、家計を支えるため深夜営業のアルバイトで体を壊した久美は、残念ながら高校を中退した。

第二章に登場した由美は、母親と離れて児童施設に入所した後、公立高校に合格、元気に通学している。だが母親と一緒に暮らすという願いはまだ実現していない。

第三章の母親の恵は心身の不調が続き、生活保護を受けながら厳しい生活を送っている。養護教諭の河野が支えているが、四年生と六年生になった愛と静香は再び施設に預けられることもあった。幸いなのは不登校が続いていた兄の智弘が中学を卒業し、何とか定時制高校に入学したことだ。

第四章の保育園のシングルマザーの会は今も続いていて、篤子たち若い母親たちの支え合いの場として、ますます必要性を増している。

新聞連載中は多くの読者から電子メールやファクスで感想をいただいた。パソコンの画面は、「周りの理解が得られず苦しんでいる」という母子家庭の母親や、「仲間に対して何ができるだろう」と心を寄せてくれた大学生や高校生、教育や福祉関係者たちの声であふれた。教員希望という女子高校生は「『健康格差』という言葉を読み、とても胸がいたみました」と記した。「毎回、読むたびに涙して、自分にできることはないのかと考えます」といった感想も多かった。私たちもこうした声に励まされると同時に、自分自身何ができるのか自問自答する日々だった。

連載終了から一年を経ても、子どもの貧困の現実は、ますます深刻さを増している。本書が少しでも多くの人に子どもの貧困問題を知るうえでの一助になればと願う。

なお、本書の第一章と三章は池谷が、二章と四章は保坂が取材、執筆し、全体の取りまとめを保坂が担当した。

ここに名前を記すことはできないが、見えにくいといわれる「子どもの貧困」の現実を少しでもあぶり出すため、取材に協力してくれた多くの方々にお礼を言いたい。また取材の窓口となってくれた先生たちのお力添えがなければ、本書は成立しなかった。長期にわたる私たちの取材、執筆を支えてくれた編集委員室と社会部の仲間にも感謝したい。

本書を世に送り出せたのは、出版の意義を認め、原稿が遅れがちな私たちを最後まで温かく励まし続けてくれた光文社「学芸」編集部の槌谷昭さんのおかげだ。みなさん、ありがとうございました。

二〇一二年四月

保坂　渉
池谷孝司

文庫版あとがき――貧困の連鎖を断ち切るために

単行本の出版から三年が過ぎ、「子どもの貧困」という言葉は社会にすっかり定着した。この間に、二〇一三年には超党派の議員立法で「子どもの貧困対策推進法」が成立した。一四年には貧困対策の骨格となる大綱もできた。では、事態が改善されたかというと、そうとは言えない。

民主党政権で導入された公立高校の実質無償化は、その後、「ばらまきだ」と批判する自民党が政権に復帰したことにより、保護者の所得制限が入って「無償化」とはいえなくなった。無償化と並び目玉政策だった「子ども手当」も、名称が元の児童手当に戻った上、やはり所得制限が入った。生活保護の支給基準も引き下げられた。食費や光熱費など日常生活に必要な生活扶助に続いて、家賃に相当する住宅扶助や冬場の光熱費に充《あ》てる冬季加算も引き下げられることになり、自公政権下では〝弱い者いじめ〟の政策が続く。

安倍晋三首相が自身の経済政策だと唱える「アベノミクス」で一部の大企業や金融資産を持つ富裕層がより豊かになっていく一方、貧困家庭はますます困窮して生活に苦しんでいる。所得格差を表すジニ係数は過去最大となり、年収二百万円以下のワーキングプア（働く貧困層）は一千万人を超えた。生活保護世帯は過去最多を更新し続けている。子どもの貧困率は上がり続け、深刻化する格差社会のひずみは子どもたちの成長に暗い影を落としている。

子どもの貧困対策推進法は「基本理念」として、子どもの将来が生まれや育ちで左右されない社会の実現を目指し、国が地方自治体と連携して貧困対策に取り組むよう定めた。そのために、教育、生活、就労、経済の主に四分野で支援の施策を求めている。推進法の成立で、国が子どもの貧困対策に責任を持って取り組むことを、初めて明確にした点は評価できる。だが、問題は貧困をなくすために何をやるかだ。

その具体的な施策を示すのが大綱のはずだった。大綱作成で焦点になったのが貧困率の削減目標だ。まず国が削減目標を掲げて、それを実現するためのメニューを国民に提示する。達成できなければ、国民から厳しい批判を受ける。法律をスローガン倒れに終わらせないためには、こうした国と国民の緊張関係が必要だ。削減目標を掲げるか否《いな》かは、国の貧困解消のやる気を見る格好のリトマス紙だったが、結局、大綱では目標が示されなかった。削減目標を掲げないのでは国の本気度を疑いたくなる。子どもの貧困率を大きく下げたことで知られるイギリスは、二〇年度までに一〇％未満にする目標を掲げている。

大綱に盛られた施策を見ても、各省庁の既存のメニューを寄せ集め、子どもの貧困対策として再構成した色彩が濃く、あまり新味はない。返還の滞納が社会問題化している大学生の奨学金は、返還義務のない給付型奨学金創設の期待が大きかったが、財源がないとして見送られた。最も経済的な支援が必要な一人親家庭などに、ピンポイントで現金給付ができて効果が期待できる児童扶養手当や遺族年金などの拡充も財源を理由に実現しなかった。つまりカネのかかるものはやらないということだ。生まれた環境にかかわらず子どもの成長を保障し、新たな納税者となって社会に貢献してもらう——。貧困の連鎖を断ち切るには、これしか方法はない。人もカネもかけない安上がりの国の貧困対策は、格差をさらに拡大させるだけで、最後に泣くのは国民だ。

学校教育においても同じことがいえる。ＯＥＣＤの報告によると、国内総生産（ＧＤＰ）に占める国と地方自治体の教育支出の割合は、日本は先進国で連続五年最下位という恥ずかしい結果だ。報告で「私費負担に大きく依存している」と再三指摘されても、国は改善を怠ってきた。政権に都合のいい理念ばかり声高に叫ぶが、口先介入だけで、教育現場でも人とカネを投資した思い切った改善策を打ち出せていない。自己責任を盾に、結局は家庭に負担を押しつける構図は何も変わらない。未納が問題になる子どもたちの給食費など保護者が負担している学校の費用は、全《すべ》て無償にして必要があれば富裕層から税金の形で取ればいいのだ。

子どもの貧困で最も深刻な問題が一人親家庭、とりわけ母子家庭だ。一人親家庭の貧困率は五〇%を超え、他の先進国と比べてひどい状況だ。家計を支える母親は非正規雇用が多い。賃金が安いためダブルワーク、トリプルワークをしなければ生活していけないのが一般的だ。その分、子どもと触れ合う子育ての時間が奪われる。だが、身を粉にして働いても賃金は上がらず、ますます子育ての時間が削られる。まさに悪循環だ。

二〇一五年二月、川崎市の多摩川河川敷で中学一年生の上村遼太《うえむらりょうた》君が殺される事件が起き、神奈川県警は十八歳と十七歳の少年計三人を逮捕した。不登校状態だった上村君は十八歳の少年から激しい暴行を受けて「殺されるかも」と友人に話し、顔に大きなあざができていた。

母子家庭だった上村君のお母さんが出したコメントには、生活に追われる母親の悲しみがあふれている。お母さんは余裕のない日々の中で、息子の異変に気付けなかったことをとても悔いていた。一部を引用させていただく。

学校を休みがちになってからも、長い間休んでいると、きっかけがないと学校に行きづらくなるから、早く登校するように話してきました。ただ、遼太が学校に行くよりも前に私が出勤しなければならず、また、遅い時間に帰宅するので、遼太が日中、何をしているのか十分に把握することができていませんでした。

家の中ではいたって元気であったため、私も学校に行かない理由を十分な時間をとって話し合うことができませんでした。

今思えば、遼太は、私や家族に心配や迷惑をかけまいと、必死に平静を装《よそお》っていたのだと思います。

事件の日の夜、一度は外に出かけようとするのを止めることができたのだから、あのとき、もっともっと強く止めていれば、こんなことにはならなかったと、ずっと考えています。

一人親家庭の生活環境を改善して、こうした悲劇を少しでもなくすためにも、子どもの貧困対策推進法への期待は大きかった。だが、一人親家庭の親が余裕を持てるような具体的な支援策は、大綱の親の就労支援を見ても、経済的支援を見ても、あまりにも貧しい。これでは貧困の連鎖を断つどころか、新たな広がりを許してしまうだろう。

子育て支援のために民主党政権が掲げた「子ども・子育て新システム」は、修正の上、自公政権で「子ども・子育て支援新制度」として二〇一五年四月にスタートした。新システムの中核になるはずだった「総合こども園」構想は、保育所をすべて総合こども園に移行させ、子どもの入所は事業者と保護者の直接契約に切り替えるなど、市町村の保育実施義務を事実上なくす一方で、規制緩和により民間業者の経営参入を促し、受け皿の量的拡大を目指す「保育の市場化」を鮮明に打ち出していた。

それが新制度の「認定こども園」では、保育所は認定こども園への移行を強制されず、市町村の保育実施義務も従来通りになった。また認定こども園への民間業者の参入も禁止され、新システムに比べて市場化の流れに歯止めが掛かったように見える。しかし、待機児童解消の切り札とされる二歳児までを対象にした地域型保育は、民間業者が参入しやすいように設置基準は大幅に緩和されている。これを足掛かりに、事業者と保護者の直接契約が維持された認定こども園に、いずれは民間参入の道を開く可能性も否定できず、新制度でも民間頼みの市場化の流れは基本的に変わっていない。

貧困家庭や一人親家庭が増え、親への支援も含めたより手厚い保育が求められる今、安心できる保育環境を整備する行政の責任はますます大きくなっているが、市場化はこれに逆行する。

苦しい生活をさらに追いつめるという意味では、消費税の増税も懸《け》念《ねん》材料だ。先送りされたものの、消費税は二〇一七年四月に八％から一〇％に上がることが決まっている。薄く広く税金を取る消費税は、低所得者ほど負担が重くなる逆進性があると指摘されている。その一方で、日本では、これまで法人税と所得税が引き下げられてきたことにより、富裕層ほど収入に比べて税や社会保険料の負担割合は低くなった。国による所得の再分配はうまく機能せず、貧困家庭の負担は増すばかりだ。申し訳程度に貧困対策を示したところで事態の改善とはほど遠い。

それでも、取材を始めた〇九年ごろと比べると、子どもの貧困問題はとても広く認識されるようになり、状況は大きく変わった。一進一退はあるものの、時代はいい方向に変わりつつあると信じたい。「アフリカじゃあるまいし、日本に子どもの貧困なんてあるのか」と疑問を口にする人はまだいるが、多くの人に貧困に苦しむ子どもの存在が知られるようになった意義は大きい。

「はじめに」で紹介した〇八年末に東京・日比谷公園にできた「年越し派遣村」で村

長を務めた法政大教授の湯浅誠さんがよく口にするのは「知った者の責任」だ。「日本に子どもの貧困なんてあるのか」と言っていた人が、本書を手にして、日本では六人に一人の子どもが貧困状態にあると知る。ろくに食べ物を口にできない子どもたちがいると知る。そこからどう行動するのかが問題だ。湯浅さんは「知ったからには、周りの人に伝えてください」と言う。そうすることで、世の中が少しずつでも変わっていくことを期待したい。日本で子どもの貧困が解決できるかどうかは、今、この本を読み終えたあなたの行動にかかっている。

本書で紹介した子どもたちのその後についても少し触れておきたい。通常の取材でも時間が経《た》つにつれて連絡がつかなくなる取材対象者は出てくるが、テーマが貧困だけに、より追跡は難しい。幸せに暮らしていればいいが、貧困の連鎖を断ち切るのは容易なことではない。

定時制高校生のうち、陽子と早紀は卒業後、間もなく結婚した。少女たちは早く結婚して家を出て、幸せな家庭を築きたいと考えるのだろう。結婚だけでなく出産も早い。陽子には子どもが生まれ、成長を見守る日々だが、夫が失業して陽子も働けない状態が続いた。生活は決して楽ではなく、貧困の連鎖は次の世代にも及んでいる。建設関係の仕事をしていた健吾は運転中に交通事故に遭って長期入院するなど不幸が続いた。中退した久美とは連絡が取れない状態だ。

小学生二人と中学生の母親だった元郵便局員の恵は今も入退院を繰り返す。中学生になった愛と静香は施設と自宅を行ったり来たりする生活だ。兄の智宏はやっと入学した定時制高校を中退し、今は働いている。

ほかの子どもたちも含めて、なかなか厳しい生活を抜け出せないのが現実だ。

それでも、陽子は、世話になった元担任の藤井と時々、連絡を取り、生活に苦しむ後輩たちのためにできることはないかと考え続けている。

まずは問題の存在を知り、周りに伝え、自分に何ができるかを考える。それは私たち著者の課題でもある。

四人の識者にインタビューで示していただいたように、問題解決のためにはさまざまな方法が考えられる。中でも、教育は子どもの貧困の連鎖を断ち切るために、最も有効な方法の一つだ。だから、本書では教育現場に焦点を当てて事例を追った。私たちはこれからも現場を歩いて、その現実を伝えることで微力だが力を尽くしていきたい。

文庫化に当たってはお世話になった新潮社の山室幸子さんに謝意を表したい。新聞連載の準備段階から今に至るまでお世話になった取材先の方々には、あらためてお礼を言いたい。

みなさん、ありがとうございました。

二〇一五年五月

保坂　渉
池谷孝司

新聞連載は次の二十四紙に掲載されました。

室蘭民報、東奥日報、河北新報、福島民報、千葉日報、神奈川新聞、山梨日日新聞、新潟日報、静岡新聞、岐阜新聞、福井新聞、中部経済新聞、大阪日日新聞、奈良新聞、中国新聞、日本海新聞、山口新聞、徳島新聞、愛媛新聞、高知新聞、大分合同新聞、熊本日日新聞、沖縄タイムス、琉球新報

この本へのご意見、ご感想をメールでお送りください。
アドレスは sha. hinkon@kyodonews. jp です。

解説

津村記久子

小学一年の一学期の終わり、一戸建ての家から郊外の団地に引っ越したあたりから、家が急速におかしくなっていくのを感じた。両親は、わたしの喘息《ぜんそく》の治療のために引っ越すのだ、と言っていて、わたしはそれを一応信用していたが、本当は、家のローンが払えなくなったからだった。実家からアパートを相続し、それを売った直後だった父親は、本当はお金を払えたらしいのだが、なんだかよくわからない投資で資金を使い果たしてしまったと後で知った。

団地に引っ越してから、父親は仕事を転々としていて、会社をやめてきたといっては母親と言い争いをしていた。失業期間が長くなってくると、父親は「働いていない」と自覚させられることに苛立《いらだ》ちを感じるのか、わたしが母親に「社会の授業でお父さんの仕事を教えてくださいって言われて、でも働いてないから内職してるって言ってきたよ」みたいなことを話しているのを聞きつけては、母親やわたしを怒鳴りつけた。母親を殴ることもあったし、わたしも叩《たた》かれたりということはあった。

そういう生活は二年で破綻《はたん》し、母親と父親は別居した。母親は実家に帰ることに決め、わたしと弟はそれについていった。ほっとした、というのが正直なところだった。小学四年の時に両親の離婚が成立した。その後は特に、ひどくお金のことを考えるということはなくなった。両親がそろっているよその家の子と比べて、遊園地や遠方に旅行に行くなど、あまりぜいたくなことはしていなかったが、母親はそれを感じさせないように工夫していたように思うし、わたしもどこかで諦《あきら》めていた（それでも、どうしても自分が欲しいという理由でファミコンのソフトやゲーム機は買ってもらっていたが）。

お金の心配は今もする。ずっとしていると言っても過言ではないのだけれども、今までもっともお金の心配をしたのは、小学一年から三年の頃だった。お金の心配をすることは、まだ働くことのできない子どもにとってもっとも苦しいことの一つだと思う。かといって、働ける年齢に達したとしても、働かなくてはならないことでその苦しさはより深化し、いくら働いても満足に稼げない若者たちの生活を損なう。本書の第一章の冒頭で、一ケース百円で五十枚入りのオブラートをおやつ代わりに食べている三人の女の子たちは、定時制高校に通いながら、日々三つほどのアルバイトを掛け持ちしている。どうして彼女たちがそんな状態に追い込まれているのかについて、親たちの事情についても説明されるのだが、とてもではないが、わたしが父親を「ばかな人だったな」と思い出す具合と同じとは思えない。それぞれに必死で働こうとし、生活を立て直そうとあがくのだが、世の中の趨勢《すうせい》がそれを阻《はば》む。結果、その澱《おり》は、彼らの子どもたちである彼女たちに押し寄せることになる。親たちには、彼女たちを受け止めるだけの経済的基盤がない。健康保険料を滞納していたり、子どもの奨学金に生活費として手をつけたりまでする。そうしなければ親たちも生きていけないのだ。

やむなく、自活しながら勉強を続けることになるのだが、給食費のカットや働く機会の乏しさ、それがあったとしてもその厳しさ、交通費の支出などが、まだ十代後半に差し掛かったばかりの女の子たちにのしかかる。高校の授業料無償化が成されても、食費、雑費、交通費といった「学ぶこと」に関する周辺の負担はなくならない。それでも、女の子たちの一人は言う。「高校に入って、学ぶことの大切さをすごく実感しました。人が人として暮らすための最初の大切な過程だと思います」。両親が無理に入れた私立中学を、ほかの生徒との経済的な格差を理由にドロップアウトした彼女だからこそ、この言葉には真実味がある。

印象に残っているのは、スーパーの刺身売り場で働き、年上の同僚を指導するとても職務意識の高い女の子の部屋に、電子ピアノがあって楽譜が広げられていた、という一節だ。ここは本当にはっとする。どこかで、自分からはまだ遠い世界のことのように思われていた彼女たちの生活が、一人の人間のそれとして立ち上がってきたような気がしたのである。好きなことがあるならさせてあげたい、と強く思った。「子どもには成長、発達のための学びが必要で、本来働かなくてもいい。このごく普通の生活ができず、学費を本人が働いて払わざるを得ないのが現代の貧困だ」と定時制の生活指導担当の先生は言う。

貧困にさらされる子どもたちの苦しさは、すなわち、社会を形成してきた大人たちの恥なのではないか？　と端的に思う。本田由紀さんのインタビューにおける「多くの人、特に年配層は、バブル崩壊までの戦後数十年の記憶に縛られています。あの頃の社会のあり方が標準だとされ、他の考え方ができずに対処が遅れ、緊急対応的なごまかしをしている」という部分はまさにその通りで、「俺がこれでよかったから、君らもいいだろ」という価値観で未《いま》だ社会が構成されていることに、自分はずっと違和感を感じてきて、本書を読んでそれを深くした。もうそういう時代じゃないのに。子どもたちは、親を気遣って貧困を隠すという。「俺がこれでよかったから」の人たちが感じるべき恥を、子どもたちが感じるのはおかしいんじゃないのか。子どもたちの恥は、本当は彼らの恥じゃないのか。

自分たちはこれでやれてきたし、それに合わせてくれる？　という社会の物事を決めている人たちの態度は、本書でたびたび登場する給食に関する議論にも映し出されている。第二章では「保護者としても弁当を持参させることに家庭の役割や意義を感じている方が多く、生徒も望んでいる」という行政の物言いが登場する。「弁当の方が親子関係に良い」という考え方もあるようだが、諸々の事情で〈きれいなお弁当〉を作れない家庭もあるし、そういう家の子どもがいらない負い目を感じることもある、という視点が抜け落ちている。

就学援助制度についても疑問が残る。借金を返していて生活が苦しくても、親に一定以上の収入がある場合は援助を受けられないという。あのな、と言いたくなる。親の借金は親の借金だし、子どもはそれとは関係なく教育を受ける権利があるんだと、どうして分けて考えられないのだろう。そういう融通のきかなさが、次の世代に貧困を持ち越すのではないか。なぜ貧困を一代で終わらせるという考えにならないのか。先のことは自分には関係ない、のだろうか。世の中には、不器用な親も、DVをする親も、運の悪い親も、病気の親も、リストラに遭った親もいる。百歩譲って、彼ら自身の見通しや何やが彼らの苦境に影響していたとしても、その子どもたちはまったくその責務を負わないし、関係のないことだ。「安定した愛がないと子どもはしんどい時、踏ん張れないいんです」という物言いと裏腹の、「子どもには伸びていきたいというエネルギーがある」という中学校の先生の言葉の両方が印象に残る章だった。

第三章では、中学生の男の子一人、小学生の女の子二人を抱えて郵便配達の仕事で必死に働いていたが、ついに鬱病《うつびょう》を発症して働けなくなる母親が登場する。女の子たちは、小学校の保健室で朝ごはんや足りない食事をまかなってもらい、服も提供してもらう。このお母さんが、受験勉強に身が入らない中学生の長男を、「高校を卒業してたら、社会の扱いが違う。お母さんも卒業してたら、美容師とか看護師の専門学校に行けたかもしれない。郵便局の正社員の試験だって通ってるかもしれない。智弘（長男）が興味のある自動車整備の資格も、高校を卒業していないと試験すら受けられない」と説得する場面は痛切である。逆の面から見ると、ここまで「高校を出ていないとまともに働きようもない」社会であるのに、当の高校生たちの困窮を十分に補おうとしないことが不思議でならない。

小学校の保健室の先生は、女の子たちに生きる力を培《つちか》わせるように、米の炊《た》き方やお茶の作り方を教える。「貧困のために大事な子ども時代を奪ってはいけない」という彼女の言葉は重い。

第四章には、小学生になったらアルバイトをしていいか、自分も仕事をしてママを助けたいので、という保育園児が登場する。実はわたしもまったく同じことを、小学二年の時に母親に尋ねたことがある。母親のパート先であるスーパーについていきながら、パン屋さんでパンをこねる仕事ならできるのではないか、とずっと考えていた。本人としては、あまり深い考えがあってのことではないのだが、今からすると、滑稽《こっけい》で少し悲しい申し出である。親がどれだけ隠そうとしても、子どもはちゃんと自分の親がお金に困っているということはわかっているのである。

この男の子が通う保育園には、シングルマザーの会があり、彼女たちが子どもが着られなくなった服を融通し合ったり、本音で話し合ったりする様子には、つらい中にもかすかな明るさのようなものを感じる。自分と他人の弱さを認められる人の、根源的な明るさといってもいい。彼女たちは離婚なり他に何かがあって、女親だけで子育てをしているわけだが、「全部うまくいってる人」を基準にデザインされた社会は、時に彼女たちの働く意欲をもはねつける。準看護師の資格を取るために学校に行こうとしても、その学校の二年間のうち、給付金がでるのは二年目だけで、一年目の生活費は貯金してからの入学になる。何なのだろう、この敷居の高さは。まるで、最初の一年の苦痛に耐えてこそ二年目の安心があるとでも言いたげな、根性論と働くことへの上から目線なのではないか。母親が資格を得て安定した職業を得ることが、その子どもの将来のためにも良いということは二の次なのだろうか。

本書自体は非常な良書であり、たくさんの興味深い事実を教えてくれるのだけれども、ときどきうんざりするほどの不自由さを突きつけられることがあった。日本という国の子どもに対する態度は、おそらく、社会階層を固定することへとつながっている。すなわちそれは、金持ちの子は金持ちで、お金のない家の子はお金がないままだということだ。このことがもっと社会的に敷衍《ふえん》されるようになってしまったらと考えるとぞっとする。意欲や能力があっても、あらかじめ上に行けないと決まっている社会は、人間の力を奪う。日本の社会は、子どもへの投資を避けることによって、自分自身の首を緩やかに締めているのかもしれない。

本書の終盤で、大宮勇雄さんによって語られる、アメリカのペリー・プレスクール・プロジェクトに関する言及は示唆《しさ》に富んでいる。「乳幼児期に質のよい保育を無償で受けた子どもたちは、同じ家庭環境で保育を受けられなかった子どもたちに比べて、進学や就職や社会的な適応などの点で劇的な改善がみられ、その経済的な効果は、無償で保育を提供するのに必要な費用の数倍にもなる」。子どもへの投資は、未来への投資なのである。子どもが好きか嫌いか、今俺が私が快適にしていられたらそれでいいじゃない、という問題ではない。

大宮さんの言葉で本稿を締めくくる。「子ども時代の重要さがまだまだ認識されていません。乳幼児期より小学校の方が大事、小学校より中学校の方が大事、中学校より高校の方が大事、結局は大人が一番大事であるかのような錯覚が支配しています」。いい年になるまでいろいろ見聞きしてきたのち、わたしは、幸せな子ども時代を送ったんなら、人間はそれを土台にして苦境をのりこえてちゃんと生きていけるんじゃないか、とそれとは逆のことを思うようになった。幸せな子ども時代を送ることは、どんな親の元に生まれたのであれ、すべての子どもが持つ権利だと思う。それが実現していない誇りを失ったままの社会は、どれだけ今が豊かであっても衰退していくのではないか。

（平成二十七年四月、作家）

この作品は平成二十四年五月光文社より刊行された『ルポ　子どもの貧困連鎖——教育現場のＳＯＳを追って——』を改題した。なお、文庫化にあたり、加筆、修正した。

池谷孝司編著

死刑でいいです
―孤立が生んだ二つの殺人―
疋田桂一郎賞受賞

〇五年に発生した大阪姉妹殺人事件。逮捕された山地悠紀夫はかつて実母を殺害していた。凶悪犯の素顔に迫る渾身のルポルタージュ。

石井光太著

神の棄てた裸体
―イスラームの夜を歩く―

イスラームの国々を旅して知ったあの宗教と社会の現実。彼らへの偏見を「性」という視点から突き破った体験的ルポルタージュの傑作。

石井光太著

絶対貧困
―世界リアル貧困学講義―

「貧しさ」はあまりにも画一的に語られていないか。スラムの生活にも喜怒哀楽あふれる人間の営みがある。貧困の実相に迫る全14講。

石井光太著

レンタルチャイルド
―神に弄ばれる貧しき子供たち―

カネのため手足を切断される幼子。マフィアが暗躍する貧困の現実と、運命に翻弄されながらも敢然と生きる人間の姿を描く衝撃作。

石井光太著

遺体
―震災、津波の果てに―

東日本大震災で壊滅的被害を受けた釜石市。人々はいかにして死と向き合ったのか。遺体安置所の極限状態を綴ったルポルタージュ。

石井光太著

地を這う祈り

世界各地のスラムで目の当たりにした、貧しき人々の苛酷な運命。弱者が踏み躙られる現実を炙り出す衝撃のフォト・ルポルタージュ。

押川剛著
「子供を殺してください」という親たち
妄想、妄言、暴力……息子や娘がモンスター化した事例を分析することで育児や教育、そして対策を検討する衝撃のノンフィクション。

井上理津子著
さいごの色街　飛田
今なお遊郭の名残りを留める大阪・飛田。この街で生きる人々を十二年の長きに亘り取材したルポルタージュの傑作。待望の文庫化。

稲泉連著
命をつなげ
―東日本大震災、大動脈復旧への戦い―
東日本大震災の被災各地を貫く国道45号線は、わずか1週間で復旧した。危険を顧みず東北の大動脈を守り続けた人々の熱き物語。

NHK「東海村臨界事故」取材班
朽ちていった命
―被曝治療83日間の記録―
大量の放射線を浴びた瞬間から、彼の体は壊れていった。再生をやめ次第に朽ちていく命と、前例なき治療を続ける医者たちの苦悩。

NHKスペシャル取材班著
日本海軍400時間の証言
―軍令部・参謀たちが語った敗戦―
開戦の真相、特攻への道、戦犯裁判。「海軍反省会」録音に刻まれた肉声から、海軍、そして日本組織の本質的な問題点が浮かび上がる。

門田隆将著
なぜ君は絶望と闘えたのか
―本村洋の3300日―
愛する妻子が惨殺された。だが、犯人は少年法に守られている。果たして正義はどこにあるのか。青年の義憤が社会を動かしていく。

鹿島圭介著
警察庁長官を撃った男
2010年に時効を迎えた国松長官狙撃事件。特捜本部はある男から詳細な自供を得ながら、真相を闇に葬った。極秘捜査の全貌を暴く。

国分　拓著
ヤノマミ
大宅壮一ノンフィクション賞受賞
僕たちは深い森の中で、ひたすら耳を澄ました——。アマゾンで、今なお原初の暮らしを営む先住民との150日間もの同居の記録。

佐木隆三著
わたしが出会った殺人者たち
昭和・平成を震撼させた18人の殺人鬼たち。半世紀にわたる取材活動から、凶悪事件の真相を明かした著者の集大成的な犯罪回顧録。

佐々木嘉信著
産経新聞社編
刑事一代
—平塚八兵衛の昭和事件史—
徹底した捜査で誘拐犯を自供へ追い込んだ吉展ちゃん事件、帝銀事件、三億円事件など、捜査の最前線に立ち続けた男が語る事件史。

佐藤　優著
国家の罠
—外務省のラスプーチンと呼ばれて—
毎日出版文化賞特別賞受賞
対ロ外交の最前線を支えた男は、なぜ逮捕されなければならなかったのか？　鈴木宗男事件を巡る「国策捜査」の真相を明かす衝撃作。

佐藤　優著
外務省に告ぐ
北方領土問題を後退させ、中国の海洋進出を許し、失策と敗北を重ねた日本外交を著者しか知らぬ現場最深部から斬る告発の書。

「選択」編集部編
日本の聖域《サンクチュアリ》
この国の中枢を支える26の組織や制度のアンタッチャブルな裏面に迫り、知られざる素顔を暴く。会員制情報誌「選択」の名物連載。

「選択」編集部編
日本の聖域《サンクチュアリ》 アンタッチャブル
「知らなかった」ではすまされない、この国に巣食う闇。既存メディアが触れられないタブーに挑む会員制情報誌の名物連載第二弾。

高山文彦著
「少年A」14歳の肖像
一億人を震撼させた児童殺傷事件。少年Aに巣喰った酒鬼薔薇聖斗はどんな環境の為せる業か。捜査資料が浮き彫りにする家族の真実。

高橋秀実著
からくり民主主義
米軍基地問題、諫早湾干拓問題、若狭湾原発問題——今日本にある困った問題の根っこを見極めようと悪戦苦闘する、ヒデミネ式ルポ。

高橋秀実著
「弱くても勝てます」
—開成高校野球部のセオリー—
ミズノスポーツライター賞優秀賞受賞
独創的な監督と下手でも生真面目に野球に取り組む、超進学校の選手たち。思わず爆笑、読んで納得の傑作ノンフィクション！

高橋秀実著
ご先祖様はどちら様
小林秀雄賞受賞
自分はいったいどんな先祖の末裔なのか？家系図を探し、遠縁を求めて東奔西走、ヒデミネ流ルーツ探求の旅が始まる。

新潮文庫最新刊

山本一力著
千両かんばん
鬱屈した日々を送る看板職人・武市に、大仕事が舞い込んだ。知恵と情熱と腕一本で挑む、起死回生の大一番。痛快無比の長編時代小説。

小川洋子著
いつも彼らはどこかに
競走馬に帯同する馬、そっと撫でられるブロンズ製の犬。動物も人も、自分の役割を生きている。「彼ら」の温もりが包む8つの物語。

綿矢りさ著
大地のゲーム
巨大地震に襲われた近未来のキャンパスで、学生らはカリスマ的リーダーに希望を求めるが……極限状態での絆を描く異色の青春小説。

藤野可織著
爪と目
芥川賞受賞

ずっと見ていたの——三歳児の「わたし」が、父、喪った母、父の再婚相手をとりまく不穏な関係を語り、読み手を戦慄させる恐怖作。

乙川優三郎著
脊梁山脈
大佛次郎賞受賞

故郷へと向かう復員列車で、窮地を救われた木地師を探して深山をめぐるうち、男は生の実感を取り戻していく。著者初の現代長編。

島田雅彦著
ニッチを探して
東京のけものみちに身を潜めて生き延びろ！背任の罪を負わされた銀行員が挑む所持金ゼロの逃亡劇。文学界騒然のサスペンス巨編！

新潮文庫最新刊

養老孟司
隈研吾 著
日本人はどう住まうべきか？
大震災と津波、原発問題、高齢化と限界集落、地域格差……二十一世紀の日本人を幸せにする住まいのありかたを考える、贅沢対談集。

中島岳志 著
「リベラル保守」宣言
ナショナリズム、原発、貧困……。俗流保守にも教条的左翼にも馴染めないあなたへ。「リベラル保守」こそが共生の新たな鍵だ。

西原理恵子
佐藤優 著
とりあたま帝国
放送禁止用語、上等！最凶コンビが混迷深める世の中に物申す。爆笑しながら思わず納得、「週刊新潮」の人気マンガ＆コラム集。

ひのまどか著
モーツァルト
―作曲家の物語―
児童福祉文化賞受賞
喝采を浴びた神童時代から、病と困窮のうちに死を迎えた不遇の晩年まで――豊富な資料と綿密な現地取材で描く、作曲家の生涯。

岩合光昭著
イタリアの猫
岩合さん、今度はイタリアで「ネコ歩き」です！ローマで、ヴェネツィアで、シチリアで――愛らしくオシャレなネコたちの写真集。

池波正太郎ほか著
真田太平記読本
戦国の世。真田父子の波乱の運命を忍びたちの暗躍を絡め描く傑作『真田太平記』。その魅力を徹底解剖した読みどころ満載の一冊！

子《こ》どもの貧《ひん》困《こん》連《れん》鎖《さ》

新潮文庫　い - 113 - 2

平成二十七年　六月　一日　発行
平成二十七年十二月二十五日　二　刷

著者　保《ほ》坂《さか》渉《わたる》
池《いけ》谷《たに》孝《たか》司《し》

発行者　佐藤隆信

発行所　株式会社　新潮社

郵便番号　一六二―八七一一
東京都新宿区矢来町七一
電話　編集部（〇三）三二六六―五四四〇
読者係（〇三）三二六六―五一一一
http://www.shinchosha.co.jp

価格はカバーに表示してあります。

印刷・三晃印刷株式会社　製本・株式会社植木製本所

ISBN978-4-10-138712-3 C0136